DER FALSCHE ROCKER

DIE UNGLAUBLICHE GESCHICHTE EINES DEUTSCHEN V-MANNES

DER FALSCHE ROCKER

DIE UNGLAUBLICHE GESCHICHTE EINES DEUTSCHEN V-MANNES

riva

UDO MÜLLER

Bibliografische Information der Deutschen Nationalbibliothek:
Die Deutsche Nationalbibliothek verzeichnet diese Publikation in der Deutschen Nationalbibliografie. Detaillierte bibliografische Daten sind im Internet über http://dnb.d-nb.de abrufbar.

Für Fragen und Anregungen:
info@rivaverlag.de

Originalausgabe, 1. Auflage 2017

Nymphenburger Straße 86
D-80636 München
Tel.: 089 651285-0
Fax: 089 652096

Textbearbeitung: Elisabeth Bösl, München
Lektorat: Birgit Walter, München
Umschlaggestaltung: Mark-Torben Fischer, München
Umschlagabbildungen: Motoradfahrer: Robert Vos/Getty Images, Background: Eky Studio/Shutterstock, Banderole: Rick Nederstigt/AFP/Getty Images
Satz: Daniel Förster, Belgern
Druck: GGP Media GmbH, Pößneck
Printed in Germany

ISBN Print: 978-3-86883-859-6
ISBN E-Book (PDF): 978-3-95971-183-8
ISBN E-Book (EPUB, Mobi): 978-3-95971-184-5

Weitere Informationen zum Verlag finden Sie unter:

www.rivaverlag.de

Beachten Sie auch unsere weiteren Verlage unter www.m-vg.de.

INHALT

VORBEMERKUNG

In diesem Buch wurden einzelne Namen, Orte und Details der Schilderungen geändert oder weggelassen, um Persönlichkeitsrechte zu schützen.

VORWORT

Im Laufe meiner Recherchen zum sogenannten »Rockerkrieg« in Nordrhein-Westfalen habe ich die Männer, um die es in diesem Buch geht, persönlich kennengelernt und immer wieder mit ihnen gesprochen. Um ihre Privatsphäre zu schützen, habe ich ihre Namen hier entweder geändert oder sie ganz weggelassen. Die große Ausnahme ist Yildiray Kaymaz alias Ali Osman, der knapp ein Jahr lang Deutschland-Präsident des Satudarah MC war. Er hat mir als einzigem Journalisten Interviews gegeben und in längeren Erzählungen einige exklusive Hintergrundinformationen zum Satudarah MC und dessen Vorgängerclub geliefert. Seine Berichte ergänzen die Ermittlungsakten der Polizei, die mir ebenfalls vorlagen und als Quellen für dieses Buch dienten.

Obwohl ich im Laufe der letzten Jahre viel Zeit mit Yildiray Kaymaz verbracht habe und er mir seine Sicht der Dinge geschildert hat, möchte ich gleich zu Beginn eines betonen:

Dieser Mann hat Straftaten begangen, und ich halte ihn für schuldig im Sinne des Gesetzes. Die Strafe, die er bekommen hat, war sicherlich gerecht.

Dieses Buch dreht sich jedoch nicht um die Frage nach Osmans Schuld. Es beschäftigt sich mit einem ganz anderen Thema: mit dem falschen Rocker beim Satudarah MC, der als V-Mann für die Polizei arbeitete. Dessen Geschichte ist noch nicht zu Ende. Dieses Buch erzählt sie bis zum Januar 2017.

Udo Müller

KAPITEL 1

SECHSEINHALB JAHRE

In Wahrheit war mein Prozess eine ziemliche Seifenoper. Die Wahrheit, die illegalen Methoden der Polizei, die Aussage des V-Manns, der von der Polizei zu Straftaten angestiftet worden ist, der korrupte Polizist – das alles kam nie an die Öffentlichkeit.

Ali Osman

Am 23. Januar 2014, nach nur drei Prozesstagen, verkündete der Vorsitzende Richter den Schuldspruch in einem Verfahren, das in ganz Deutschland von den Medien genau verfolgt wurde: Yildiray Kaymaz wurde wegen Anstiftung und Beihilfe zur unerlaubten Einfuhr von Betäubungsmitteln in nicht geringer Menge, Drogenhandels, unerlaubten Waffenbesitzes und Beihilfe zur Sachbeschädigung, bei der diese Waffen zum Einsatz gekommen waren, sowie Verstößen gegen das Kriegswaffengesetz zu sechseinhalb Jahren Haft verurteilt. (Kurze Zeit später wurde Kaymaz wegen eines Überfalls auf eine Tabledance-Bar zu neun weiteren Monaten Haft verurteilt.) Der Prozess sorgte bundesweit für Aufsehen, denn entgegen der in seinem Milieu herrschenden Konventionen hatte der Angeklagte mit den Behörden kooperiert. Yildiray Kaymaz war der Präsident des Satudarah MC Deutschland gewesen, eines sogenannten Outlaw Motorcycle Clubs, der ursprünglich in Holland beheimatet ist. Im Raum Duisburg hatten sich die deutschen Mitglieder des Clubs unter Kaymaz' Führung jahrelang in einem regelrechten Krieg mit den Hells Angels befunden. Zu diesem Zweck wurden Schusswaffen aus den Niederlanden besorgt – anscheinend auf Anweisung des Präsidenten. Neben Kaymaz wurde in dem Prozess auch der Vizepräsident des Clubs zu einer unwesentlich geringeren Haftstrafe verurteilt.

Der Begriff Outlaw Motorcycle Club (OMC) wurde von den US-amerikanischen Strafverfolgungsbehörden als Bezeichnung für im Bereich der organisierten Kriminalität tätige Motorradgangs geprägt. Laut FBI gibt es fünf solcher Clubs, die internationale Bedeutung haben, darunter die Bandidos, die Mongols und die Hells Angels, die auch in

Deutschland aktiv sind. 2014 waren in Deutschland polizeilich relevante Rockergruppen mit insgesamt 9 300 festgestellten Mitgliedern in 613 Chaptern, sozusagen »Filialen« oder »Ortsgruppen«, organisiert. Zahlenstärkster dieser Clubs war der Gremium MC mit über 2 000 Mitgliedern, danach kamen die Hells Angels mit 1 572 bekannten Membern. Der Bandidos MC belegte mit nur rund 200 Personen weniger Rang drei. In diesem Jahr richteten sich im Bereich der organisierten Kriminalität insgesamt 48 Verfahren – das sind 8,4 Prozent aller Verfahren gegen die organisierte Kriminalität – gegen Mitglieder von Outlaw-MCs, davon allein 22 gegen Mitglieder der Hells Angels.

Diese Gangs haben ihre eigenen Gesetze, und eines davon lautet, niemals mit den Behörden zusammenzuarbeiten oder auch nur mit ihnen zu sprechen. Auch wenn ein Mitglied eines Outlaw-Motorradclubs selbst Opfer einer Straftat wird, erstattet es keine Anzeige. Alle Angelegenheiten werden untereinander geregelt. Deshalb waren am 17. Januar, dem ersten Prozesstag, Kaymaz' Anhänger, die sich vor den Augen des massiven Polizeiaufgebots, das zur Absicherung des Gebäudes aufgewendet worden war, versammelt hatten, fest davon überzeugt: *Der* redet nicht.

Doch Yildiray Kaymaz, in der Szene besser bekannt als Ali Osman, brach diesen Ehrenkodex. Seine Bereitschaft, auszusagen, ermöglichte es seinen Anwälten, einen Deal auszuhandeln: Kaymaz würde einige der ihm vorgeworfenen Straftaten gestehen, und im Gegenzug würde die Höhe seines Strafmaßes bereits vor der Urteilsverkündung in etwa festgelegt werden. Auch die Tatsache, dass Kaymaz schon vor

Prozessbeginn ausführliche Aussagen gegen seine ehemaligen Clubbrüder, auch die in den Niederlanden, gemacht hatte, wirkte sich positiv auf das Strafmaß aus. Als einer von Kaymaz' Anwälten am zweiten Prozesstag eine Erklärung seines Mandanten verlas, in der dieser die Gründe für sein Geständnis nannte, ging einen Raunen durch den Gerichtssaal. Mehrere Männer unter den Zuschauern standen demonstrativ auf und gingen. Später sollte Kaymaz sogar Morddrohungen bekommen, denn wer auspackt, ist nach den Gesetzen der OMCs »out in bad standing«, was sich mit »vogelfrei«, also geächtet und rechtlos, übersetzen lässt. Jedes Satudarah-Mitglied hatte nun theoretisch die Pflicht, Kaymaz bei jeder sich bietenden Gelegenheit anzugreifen. Entsprechend groß war die Polizeipräsenz im Gerichtssaal, der vor dem Beginn der Verhandlung mit Spürhunden auf Sprengstoff untersucht worden war. Vor dem Gebäude kontrollierten Polizisten jeden, der hinein- oder hinausgehen wollte.

Yildiray Kaymaz hatte schon Monate vor dem Prozess interne Clubstrukturen aufgedeckt und auch niederländische Mitglieder des Satudarah MC schwer belastet. Dafür wurde er statt zu rund 15, wie angesichts seiner Straftaten hätte gefordert werden müssen, nur zu sechseinhalb Jahren Gefängnis verurteilt. Kaymaz' Sohn, so die offizielle Erklärung für das Geständnis, sei lebensgefährlich erkrankt, deswegen wolle sein Vater so schnell wie möglich wieder aus der Haft entlassen werden.

Bevor Kaymaz nach der Verkündung des Urteils wieder zurück in die Haftanstalt musste, nutzte er die Chance, alle Satudarah-Mitglieder aufzufordern, es ihm gleichzutun und auszusteigen. Dann legte man dem eher kleinen und schmalen 38-Jährigen, der so gar nicht wie ein typischer Rocker aussieht, Hand- und Fußfesseln an und führte ihn unter massivem Polizeischutz aus dem Gerichtsgebäude. Eine Polizeieskorte brachte ihn zurück in den VGH, den »verschärft gesicherten Haftbereich« der JVA Ratingen, wo Yildiray Kaymaz unter anderem mit einem Auftragskiller, einem Amokläufer, einem Mitglied der kalabrischen Mafia und einem der selbsternannten Gotteskrieger der Al-Qaida einsaß.

Dem Staat war anscheinend ein entscheidender Schlag gegen die Rockerszene gelungen: Einer der ganz Oberen hatte bei der Aufklärung von Straftaten, die seine ehemaligen »Brüder« begangen hatten, mitgeholfen, und auch seine eigenen Vergehen gestanden. Mit der Bruderschaft schien es bei dem Duisburger Club ohnehin nicht weit her zu sein. Die Zeitungen berichteten, dass Kaymaz von seinen eigenen Leuten verraten worden war und deswegen verhaftet werden konnte. Nach und nach kamen weitere Einzelheiten ans Licht, darunter auch, dass es der Polizei gelungen sei, einen V-Mann aus der Führungsriege des Satudarah MC in Duisburg zu rekrutieren – eine Sensation, denn in die geschlossene Welt der Motorradclubs erhalten die Beamten nur sehr selten Einblick. V-Männer sind in der Szene, in der niemand die 110 wählt, wenn etwas passiert, eine echte Rarität. Wird die Identität eines V-Manns aufgedeckt, ist auch er »out in bad standing« und schwebt somit in Lebensgefahr.

Ich konnte Anfang 2013 im Rahmen einer Reportage für *stern TV* Kontakt zu den Duisburger Rockern vom Satudarah MC herstellen und führte mehrere Interviews mit

Yildiray Kaymaz und anderen Mitgliedern, ehe sie verhaftet wurden. Mein Team und ich durften die Männer sogar bei einer Fahrt nach Holland, wo wir uns mit den höchsten Satudarah-Membern der Niederlande trafen, begleiten. Ich stelle das Gerichtsurteil nicht infrage. In meinen Augen hat sich Yildiray Kaymaz schuldig gemacht.

Ich weiß aber auch, dass diese Männer allen Außenstehenden gegenüber misstrauisch sind. In die Führungsriege eines solchen Clubs aufzusteigen, setzt voraus, sich das Vertrauen des Präsidenten und seines Stellvertreters erarbeitet zu haben. Dafür muss man wiederum einen entsprechenden »Hintergrund« mitbringen, was in diesem Fall damit gleichzusetzen ist, vorbestraft zu sein.

Ein V-Mann muss sich aus allen Straftaten heraushalten, damit seine Aussagen vor Gericht glaubhaft sind. Ist er selbst in kriminelle Machenschaften verwickelt, muss auch er strafrechtlich verfolgt werden. Dann hätte der V-Mann ein Motiv, andere zu belasten, um sich selbst in ein besseres Licht zu rücken. Er darf also nur beobachten und muss weitergeben, was er sieht und hört.

Der Status als V-Mann schützt also einerseits nur bedingt, wenn man bei einer Straftat erwischt wird. Um in dem abgeschotteten Milieu der Motorradgangs von den anderen Mitgliedern so viel Vertrauen zu gewinnen, dass man Einblick in alle Aktivitäten des Clubs, auch die illegalen, bekommt, muss man sich andererseits aber entsprechend verhalten. Dazu gehört auch, bei den »Unternehmungen« des Clubs eine aktivere Rolle als die des passiven Beobachters einzunehmen.

Ein V-Mann, der beim Satudarah MC weit oben in der Führung stand, ist also sicherlich vorbestraft. Und er wird sich an Straftaten beteiligt haben, um überhaupt eine Führungsposition zu erlangen. Die entscheidenden Fragen lauten aber: Hat der Mann auch noch Straftaten begangen, nachdem er V-Mann geworden war? Und wussten die Polizisten, die den V-Mann regelmäßig trafen und seine Aussagen aufnahmen, von einer eventuellen Verwicklung ihres Informanten in strafbare Handlungen?

Vor Gericht schien man diese Fragen jedoch nicht stellen zu wollen, und Kaymaz' Verteidiger hüteten sich, das Thema V-Mann im Gerichtssaal zur Sprache zu bringen. Ihre Aufgabe war es, für ihren Mandanten das bestmögliche Urteil herauszuholen, und sechseinhalb Jahre Haft waren deutlich kürzer als fünfzehn. Die Behörden wollten durch einen Sieg vor Gericht zumindest den Anschein erwecken, den Rockerkrieg, der im Ruhrgebiet seit Jahren tobte, unter Kontrolle zu haben. Diesen Erfolg würde man sich bestimmt nicht von einem dubiosen V-Mann zunichtemachen lassen.

Als Journalist bin ich in einer anderen Position. Ich habe keine Verantwortung gegenüber den Angeklagten oder den Behörden. Mich beschlich an diesem Morgen im Januar 2014 das Gefühl, dass von allen Seiten mindestens ein Auge zugedrückt wurde, um einen wie gesagt sicherlich nicht unschuldigen Mann schnell verurteilen zu können.

Ich kenne nicht nur Yildiray Kaymaz und seinen Club, ich weiß auch, wer dieser V-Mann ist. Und es fällt mir schwer zu glauben, dass er während der ganzen Zeit, in der der deutsche Satudarah MC von der Polizei beobachtet wurde, nicht in Straftaten involviert war. Der V-Mann, der unter stärkstem Polizeischutz in den Gerichtssaal geführt wurde, um gegen Kaymaz auszusagen, war der Waffenmeister des Satudarah MC Deutschland gewesen. Nach den Regeln des Clubs war er dafür zuständig, dass alle Mitglieder für einen Kampf mit den Hells Angels gut gerüstet waren. Dieser Mann sollte an der illegalen Einfuhr von Kriegswaffen aus Holland nicht beteiligt gewesen sein?

Um die Hintergründe zu erforschen, begab ich mich auf Spurensuche. Viele meiner Anfragen bei den verschiedenen Behörden blieben ohne Erfolg – niemand schien mit mir über den V-Mann sprechen zu wollen. Deshalb wandte ich mich immer wieder an Yildiray Kaymaz, der mir als einzigem Journalisten längere Interviews gewährte und mich mit Hintergrundinformationen über den Satudarah MC, den Vorgängerclub Brotherhood Clown Town MC und seine eigene Rolle im Duisburger Rockerkrieg versorgte.

Yildiray Kaymaz, alias Ali Osman, hat seine ganz eigene Sicht auf die Dinge, die zwischen 2009 und 2013 im Ruhrgebiet vorgefallen sind. Die Angaben, die er in den Interviews mit mir machte, und die handschriftlich verfassten Schilderungen, die er mir aus dem Gefängnis schickte, sind natürlich stark subjektiv geprägt. Ergänzt durch Medienberichte, durch die Ermittlungsakten und durch in Gesprächen mit den Anwälten gewonnene Informationen lässt sich jedoch nicht nur ein detailreiches Bild einer Gesellschaft zeichnen, in die »Normalbürger« keinen Einblick haben, die Fülle an Informationen brachte auch nach und nach die unglaubliche Geschichte eines V-Mannes in einer der gefährlichsten Motorradgangs in Deutschland ans Licht.

Urteil Az. 36 KLs 1/13*

LG Duisburg

23. Januar 2014

Tenor

1 Der Angeklagte L wird wegen Anstiftung zur unerlaubten Einfuhr von Betäubungsmitteln in nicht geringer Menge in Tateinheit mit unerlaubtem Handeltreiben mit Betäubungsmitteln in nicht geringer Menge in zwei Fällen, wegen Beihilfe zur unerlaubten Einfuhr von Betäubungsmitteln in nicht geringer Menge in Tateinheit mit Beihilfe zum unerlaubten Handeltreiben mit Betäubungsmitteln in nicht geringer Menge, wegen unerlaubten Besitzes von Betäubungsmitteln in nicht geringer Menge, wegen Anstiftung zur unerlaubten Einfuhr von Kriegswaffen, wegen Beihilfe zur unerlaubten Einfuhr von Kriegswaffen, wegen Beihilfe zum unerlaubten Erwerb der tatsächlichen Gewalt über Kriegswaffen in Tateinheit mit Beihilfe zur Sachbeschädigung, wegen vorsätzlichen unerlaubten Erwerbs und Führens einer halbautomatischen Kurzwaffe, wegen vorsätzlichen unerlaubten Besitzes einer halbautomatischen Kurzwaffe in Tateinheit mit unerlaubtem Besitz von Betäubungsmitteln, wegen vorsätzlichen unerlaubten Besitzes einer halbautomatischen Kurzwaffe und wegen vorsätzlichen unerlaubten Führens eines Schlagrings in Tateinheit mit unerlaubtem Besitz von Betäubungsmitteln zu einer Gesamtfreiheitsstrafe von

2 sechs Jahren sechs Monaten

3 verurteilt.

4 Seine Unterbringung in einer Entziehungsanstalt wird angeordnet. Vor dem Vollzug dieser Maßregel ist ein Teil der Gesamtfreiheitsstrafe, der auf ein Jahr drei Monate bemessen wird, zu vollstrecken.

KAPITEL 2

DER »ROCKERKRIEG« IN DUISBURG

Wir sind alle lieb!

Christoph Jansen
in einem Fernseh-Interview, 22.02.2013

Als ich Anfang 2013 auf einen neuen Motorradclub in Duisburg aufmerksam wurde, tobte bereits seit etwa fünf Jahren im Rockermilieu in ganz Deutschland ein Konflikt, der schon mehrere Todesopfer gefordert hatte. Das Ruhrgebiet hatte immer wieder im Zentrum dieser Auseinandersetzungen gestanden, da hier sowohl die Hells Angels als auch deren Feinde, die Bandidos, vertreten waren.

Der Hells Angels Motorcycle Club, kurz HAMC, wurde am 17. März 1947 in Fontana, Kalifornien gegenründet. Der Name geht angeblich auf einen Freund der Gründer zurück, der in einer Bomberschwadron im Zweiten Weltkrieg gedient hatte, die den Spitznamen »Hell's Angels« trug. Filmemacher Howard Hughes veröffentlichte 1930 einen Kriegsfilm mit dem Titel »Hell's Angels«, der sich um die heroischen Luftschlachten im Ersten Weltkrieg drehte. Vermutlich nahmen sich die Flieger nach dem Zweiten Weltkrieg diesen Film bei der Namensgebung zum Vorbild, denn es gab mehrere Schwadronen dieses Namens, sodass nicht eindeutig geklärt werden kann, auf welche genau der Motorradclub sich bezieht.

Nachdem der Club die ersten negativen Schlagzeilen provoziert hatte, spekulierten viele, dass er sich aus Männern zusammensetzten, die das Leben voller Gewalt und Adrenalin im Krieg nun durch entsprechende Aktionen zu Hause weiterleben wollten. Die Angels wehren sich bis heute gegen den Vorwurf, ihre Gründungsmitglieder seien ehemalige Soldaten gewesen, die sich in der Armee schlecht betragen hätten und unehrenhaft entlassen wurden. Auch die entsprechenden Veteranenorganisationen der jeweiligen Bomberschwadronen bestätigten, dass die Mitglieder dieser Einheiten vorbildliche Soldaten gewesen seien.

Wahrscheinlicher ist, dass die jungen Männer, die nach 1945 aus Europa zurückgekehrt waren und in Kalifornien einen MC gründeten, in der Tat Probleme hatten, sich wieder im bürgerlichen Leben zurechtzufinden – ein Phänomen, das heute unter dem Begriff PTBS (Posttraumatische Belastungsstörung) zusammengefasst wird. Diese »Störung« kann unterschiedlich ausfallen, und nicht jeder, der darunter leidet, wird aggressiv. Die Betroffenen erleben jedoch eine tiefgreifende Erschütterung ihres Weltbildes und Selbstverständnisses. Die jungen Männer suchten also sehr wahrscheinlich nach einem Leben, das ihre Erfahrungen an der Front einschloss. Sie suchten Halt in einer dem Militär nachempfundenen Organisation, die eine klare Hierarchie besaß und in der Brüderlichkeit und Zusammenhalt die höchsten Güter waren.

Die Attraktivität der Hells Angels für Ex-Soldaten hielt auch in den folgenden 20 Jahren weiter an. In den Sechzigern waren es vor allem die Vietnamkriegsveteranen, von denen sich manche nach ihrer Dienstzeit dem HAMC anschlossen. In diesen Jahrzehnten waren die Hells Angels bereits über die Grenzen Kaliforniens hinaus bekannt. Schlägereien, Schießereien, Drogengeschäfte, Prostitution, das alles wurde ihnen in den Berichten der Strafverfolgungsbehörden und der Medien vorgeworfen. Die Hells Angels wurden als dämonische Bedrohung skizziert, die den bürgerlichen Lebensstil dieser Zeit angriff. Der Journalist und Schriftsteller Hunter S. Thompson ordnete die Angels in seinem 1966 veröffentlichten Buch über den HAMC in die alternative Subkultur Kaliforniens ein. Sein Bericht schildert sie als brutale, aggressive Typen, die tagelang saufen und jede Form von Drogen nehmen. Die Dämonisierung machte sie sexy – sie zogen regelrechte Menschenaufläufe an, wenn sie zu Hunderten auf ihren schweren Maschinen durch die verschlafenen Kleinstädte Kaliforniens bretterten, denn jeder wollte einen Blick auf die »bösen Brüder der Hippies« erhaschen. Die Charter, die Thompson während seiner einjährigen Recherche besuchte, waren mit der Gegenkulturbewegung Kaliforniens assoziiert, und obwohl er die Brutalität der einzelnen Mitglieder nicht schönte und diese Charter auch mit Drogen in Verbindung brachte, hielt er es für unwahrscheinlich, dass die Hells Angels ein zumindest landesweit operierendes Netzwerk für illegale Geschäfte sein sollten, wie die Strafverfolgungsbehörden der USA zu dieser Zeit vermuteten. Die Angels seien dank ihrer Kutten und den schweren Maschinen zu einfach zu erkennen, als dass sie Drogen über Landesgrenzen schmuggeln könnten, so Thompson. Jeder Polizist würde sie sofort erkennen und anhalten. Dennoch konsumierten die Angels, die Thompson traf, jede Menge Drogen, vor allem Haschisch und LSD.

In den Siebzigerjahren hatten sich die Angels den Ruf erarbeitet, einer der gefährlichsten Clubs zu sein. Sie duldeten keine anderen MCs neben sich und »übernahmen« die kleineren Fische in sogenannten Patchovers, um sich ihre Vormachtstellung zu sichern. Der Club breitete sich seit den Sechzigerjahren über die ganze Welt aus. Das erste nichtamerikanische Charter wurde 1961 in Auckland, Neuseeland, gegründet. 1969 folgte in London die erste Ortsgruppe in Europa; 1973 wurde das erste deutsche Hells-Angels-Charter in Hamburg ins Leben gerufen.

Doch die Angels sollten einen Konkurrenten bekommen, der ihnen nicht nur in den USA, sondern auch international entgegentrat. 1966, 19 Jahre nach der Gründung des HAMCs, gründete der damals 36-jährige Vietnamkriegsveteran Don Chambers in Texas den Bandidos MC. Chambers hatte als Marine in Vietnam gedient und sich nach seiner Rückkehr mehreren bereits bestehenden MCs angeschlossen, die jedoch zu zahm für seinen Geschmack gewesen waren. Seine ersten Clubbrüder fand Chambers in Biker-Bars rund um Houston, Corpus Christi, San Antonio und Galveston. Wie bei den Hells Angels auch waren es vornehmlich weiße Männer, doch auch Hispanoamerikaner durften beitreten.

Der Bandidos MC breitete sich schnell aus, zuerst über die USA, dann über die ganze Welt. 1989 wurde das erste europäische Chapter im französischen Marseille gegründet, weitere Chapter in Europa folgten. In Deutschland ist der Bandidos MC seit 1999 vertreten, als der Gelsenkirchener Ghostrider's MC von den Texanern übernommen wurde.

Die amerikanischen Mitglieder des MC waren von Beginn an in Straftaten verwickelt – Don Chambers beispielsweise wurde sechs Jahre nach der Gründung des Clubs wegen Mordes verurteilt. Die Bandidos erarbeiteten sich schnell den Ruf, nicht minder brutal als die Hells Angels zu sein – ganz im Sinne des Mottos, das Chambers seinem Club gab: »We are the people our parents warned us about.« – »Wir sind diejenigen, vor denen uns unsere Eltern gewarnt haben.«

Es dauerte nicht lange, bis die Hells Angels und die Bandidos zum ersten Mal aneinandergerieten. Doch die Konfrontation verlief anders, als man es vermuten würde. Anstatt direkt aufeinander loszugehen, kam es zunächst zu Auseinandersetzungen zwischen den Bandidos, die Texas als ihr unangefochtenes Herrschaftsgebiet betrachteten, und dem Cossacks MC, der wiederum von den Hells Angels unterstützt wurde. Dieser »Krieg« flammt seit 1969, dem Gründungsjahr der Cossacks, in Texas immer wieder auf; zuletzt im Mai 2015 in der Stadt Waco, wo neun Menschen bei einer Schießerei zwischen Bandidos und Cossacks ums Leben kamen.

Bemerkenswert ist, dass Bandidos, Hells Angels und andere große Clubs seit fast fünf Jahrzehnten diese Art von »Stellvertreterkrieg« führen. Die großen Clubs sind bemüht, ihr öffentliches Image sauber zu halten, indem sie beispielsweise Wohltätigkeitsrennen veranstalten. Sie tragen die Kämpfe, die sich fast immer um geschäftliche Einflussbereiche drehen, nicht aus, sondern unterstützen kleinere, regional operierende Supporterclubs, die sich die Hände schmutzig machen. Wie die Hells Angels offenbar den Cossacks in den USA nahe stehen, sind die Bandidos auf der Seite des Outlaws MC, der wiederum seit den Sechzigerjahren eine Fehde mit den Hells Angels austrägt.

Auch in den internationalen Auseinandersetzungen zwischen Hells Angels und Bandidos, beispielsweise im »Skandinavischen Bikerkrieg«, der von 1993 bis 1997 in Dänemark, Schweden und Norwegen tobte, spielten die Supporterclubs eine wichtige Rolle. Deswegen haben die »Großen« oft ein Auge auf neugegründete Clubs. Sie wollen abschätzen, auf welcher Seite die Neuen stehen, und versuchen mitunter, sie für die eigene Sache zu gewinnen. Das sollte sich, wie sich später zeigen wird, auch für Ali Osman als verhängnisvoll erweisen.

Nach den Auseinandersetzungen zwischen Hells Angels und Bandidos in Skandinavien, die 11 Tote und fast 100 Verletzte auf beiden Seiten forderten, kam es nach 1999, als die Bandidos sich in Deutschland etabliert hatten, auch hierzulande zu Konflikten zwischen den beiden Clubs und ihren Unterstützern. Die Angels übernahmen 1999 den sehr viel größeren deutschen Club Bones MC, der ursprünglich von in Deutschland stationierten amerikanischen GIs gegründet worden war. So konnten sie mit den sich immer schneller ausbreitenden Bandidos an Stärke gleichziehen und einige der Strukturen der Bones übernehmen, die bereits seit Jahren in die »klassischen« MC-Geschäfte (Drogen, Prostitution, Security) verwickelt waren.

Seit der Jahrtausendwende drängten die Bandidos zunehmend ins Revier der Höllenengel in Nordrhein-Westfalen. Vor allem der Ballungsraum zwischen Rhein und Ruhr war für die Biker interessant, denn von hier aus braucht man nur wenige Stunden mit dem Auto oder Motorrad nach Holland. Über die beiden Hafenstädte Amsterdam und Rotterdam gelangen bis heute große Mengen Drogen nach Europa – und an deren lukrativer Verbreitung waren die Motorradclubs beteiligt.

Die Hells Angels beanspruchten Gebiete an der Ruhr für sich, während die Bandidos den Rhein kontrollierten. Doch immer wieder versuchten die Clubs, dem jeweils anderen das Revier streitig zu machen. Diese Kämpfe forderten auch Tote: 2007 ermordeten zwei Bandidos einen Hells Angel, im Oktober 2009 wurde in Duisburg ein junger Bandido von einem Angel erschossen. Bei den jeweiligen Gerichtsprozessen gegen die Täter waren zahlreiche Polizisten im Einsatz, um die beiden Fraktionen auseinanderzuhalten – was nur im Gerichtssaal gelang. Außerhalb kam es zu mehreren blutigen Zusammenstößen der beiden Gangs.

Nach etlichen Massenschlägereien und sogar Schießereien schlossen die deutschen Hells Angels und Bandidos 2010 – medienwirksam inszeniert – Frieden, an den jedoch weder die Presse, noch die Polizei so recht glauben wollte. Die Zweifel erwiesen sich als berechtigt: Es dauerte nicht ganz ein Jahr, bis der Rockerkrieg in Deutschland in gewohnter Manier weiterging. Erneut kam es zu Kämpfen, in denen auch Waffen zum Einsatz kamen. Die Stimmung zwischen den Rockern war aufgeheizt. Jedes MC-Mitglied musste damit rechnen, plötzlich auf offener Straße dem Feind gegenüberzustehen und angegriffen zu werden. Beide Clubs rüsteten auf. Sie verübten Anschläge auf Häuser, in denen Mitglieder des jeweils anderen wohnten, und griffen Clubheime und Lokale, die von ihren Gegnern besucht wurden, an. Es gab Verletzte, aber keine Toten mehr, obwohl Schusswaffen und Handgranaten zum Einsatz kamen. Das Ruhrgebiet glich einem Pulverfass, dessen Lunte bereits brannte. Jeden Moment könnte es zur Explosion kommen.

In dieser angespannten Stimmung machte plötzlich ein dritter Club auf sich aufmerksam: Der Satudarah MC, der größte niederländische Motorradclub, hatte seit Juni 2012 in Duisburg das erste Chapter auf deutschem Boden.

Aus den holländischen Medien erfuhr ich, dass der Club in den Niederlanden als extrem gefährlich gilt. Er wurde 1990 in Moordrecht von indonesischen Einwanderern, die von der Inselgruppe der Molukken, einer ehemaligen Kolonie der Niederlande, stammten, gegründet. Die holländischen Clubmitglieder tragen deshalb in der Regel statt des Schriftzugs »Netherlands« einen »Maluku«-Aufnäher auf ihren Lederwesten, den sogenannten Kutten. Der Name Satudarah stammt aus der Gruppe der malayo-polynesischen Sprachen und bedeutet so viel wie »ein Blut«.

Der Satudarah MC gibt sich nach außen hin als Bruderschaft, die sich gegen Rassismus ausspricht und schon immer alle Hautfarben in ihren Reihen duldete – anders als die Hells Angels, die sich erst vor wenigen Jahren für Nicht-Weiße geöffnet haben. Das zeigt auch das Symbol auf dem großen Aufnäher, den die Clubmitglieder auf ihren Kutten tragen: ein doppelköpfiger Indianer, ein Kopf weiß, ein Kopf schwarz, mit einem roten Zopf und neun Federn, die auf die neun Gründungsmitglieder verweisen. Die Botschaft ist klar: Wer bei Satudarah aufgenommen wird, gehört keiner Rasse mehr an – er ist ein Bruder, er gehört zur Familie. Die Mitglieder des Clubs sehen sich in der Tradition der Molukker-Krieger. Sie wollen für Tapferkeit und Mut stehen und für eine gerechte Sache kämpfen. Auch hierfür ist der Indianer Symbol.

Hinter den Kulissen geht es in der holländischen Heimat des Clubs weitaus weniger friedlich zu: 2012 gaben die niederländischen Behörden bekannt, dass fünf der zehn meistgesuchten Verbrecher des Landes dem Satudarah MC angehörten. Immer wieder stehen in Holland Mitglieder des Clubs nicht nur für in der Rockerszene übliche Verbrechen wie Waffen- und Drogenhandel, sondern auch wegen Erpressung, Körperverletzung und sogar Mord vor Gericht.

2012 zählte der Satudarah MC rund 800 Mitglieder. Nun war es dem nach Medienberichten mit den Hells Angels verfeindeten Club offenbar gelungen, nach Deutschland zu expandieren. Es schien also nur eine Frage der Zeit, dass sich eine neue Front im »Rockerkrieg« herausbilden würde: Hells Angels gegen Satudarah.

Ich begann meine Recherchen über den Satudarah MC für einen *stern-TV*-Beitrag. Ich wollte zunächst Kontakt zu den Mitgliedern herstellen und herausfinden, mit wem man es dort zu tun hatte und wie groß der Einfluss des holländischen Muttervereins in Deutschland war – auch in Bezug auf den möglichen Konflikt mit den deutschen Hells Angels.

In Duisburg zeigten die großen Rockergangs Deutschlands schon seit Jahren starke Präsenz. Vor allem im großen Rotlichtviertel der Stadt gerieten die Bandidos, die Hells Angels und die Unterstützerclubs beider MCs immer wieder aneinander. Es ging stets um die Vorherrschaft an den Türen der Bordelle und Nachtclubs.

Viele Motorradclubs betreiben selbst Bordelle und Laufhäuser oder bieten solchen Einrichtungen ihre Dienste als Security an. Diese Tätigkeiten zählen zu den legalen Einkommensquellen der MCs. Allerdings kommen die Dienstleistungsverträge nicht immer auf legalem Weg zustande. Manchmal werden die Bordelleigentümer erpresst oder bedroht, damit sie dem jeweiligen MC die Security-Jobs zusichern. In der Vergangenheit gab es auch mehrere Fälle, in denen MCs Eigentümer ganz aus dem Geschäft drängten und die Bordelle übernahmen.

An den oft jedoch tatsächlich legalen Verträgen haben auch die Bordell- und Clubbesitzer Interesse. Rockerclubs sichern eine gewisse Stabilität. Selbst wenn Mitglieder oder sogar die Präsidenten verhaftet werden, bestehen die Clubs und ihre Strukturen in der Regel fort. Bestehende Verträge werden einfach vom Nachfolger übernommen.

Türsteherdienste sind jedoch nicht die einzige Einkommensquelle der Clubs. Die Rocker verdienen wesentlich mehr Geld mit dem Handel von Waffen und Drogen, den sie über ihre internationalen Netzwerke abwickeln. Dabei spielt auch der »legale Geschäftszweig« der MCs eine Rolle, denn wer die Kontrolle über die Tür hat, entscheidet, wer den Club betritt und welche Geschäfte darin ablaufen. Auf diesem Betätigungsfeld ist von den MCs noch weniger Konkurrenz erwünscht als in der Türsteherszene.

In Duisburg waren die Bandidos seit längerer Zeit aktiv und hatten sich eine Vormachtstellung gesichert. Seit 2009 drangen jedoch die Hells Angels verstärkt ins Ruhrgebiet vor und versuchten, die Bandidos zu verdrängen und deren lukrative Geschäfte zu übernehmen. Der Konflikt zwischen den beiden verfeindeten Gangs flammte immer wieder auf, Clubhäuser wurden attackiert und die Mitglieder schossen aufeinander. Auf beiden Seiten gab es Tote.

Nun trat zusätzlich Satudarah auf den Plan. Die Duisburger Clubmitglieder erschienen abends regelmäßig in großer Zahl und in voller Montur im Rotlichtviertel und stellten sich an den Straßenecken und vor den Imbissbuden auf. Die öffentliche Zurschaustellung der Satudarah-Clubfarben provozierte die Angels und veranlasste gleichzeitig die Polizei, jeden Abend mit großen Mannschaftswagen anzurücken, um gewaltsame Auseinandersetzungen zwischen den Clubs zu verhindern. Die massive Polizeipräsenz wiederum schreckte die Kunden der Bordelle und Laufhäuser ab – und das traf die Hells Angels dort, wo es am meisten schmerzte: im Geldbeutel. Die Satudarah-Mitglieder genossen in aller Ruhe eine Currywurst mit Pommes bei Blaulicht – und zogen wieder ab, ohne dass etwas passiert war. Clever.

Um mit den Satudarah-Mitgliedern in Verbindung zu kommen, fuhr ich mehrere Wochen lang immer wieder ins Duisburger Rotlichtviertel – auch ohne Kamera. Ich wollte den Kontakt langsam ausbauen und dadurch erreichen, dass sich die Satudarah-Jungs an mich gewöhnten. Ich hoffte, dass es mir im Lauf der Zeit gelingen würde, Zugang zu den Anführern des MC zu bekommen, vielleicht sogar zu den holländischen »Nationals«, also den ganz Oberen, die die Ausrichtung des Clubs bestimmten.

Aufgrund meiner früheren Recherchen über einen Konflikt zwischen den Hells Angels und dem Besitzer eines Hamburger Saunaclubs kannte ich bereits ein Mitglied des Satudarah MC: Jonas Sandberg (Name wurde geändert) war 2011 von Hamburg nach Nordrhein-Westfalen zurückgekehrt und hatte sich dort kurzzeitig dem Gremium MC Bosporus West angeschlossen. Da sich dieses Chapter jedoch nicht gegen die Hells Angels behaupten konnte, war er schließlich dem Satudarah MC beigetreten. Er war nun Prospect dieses Clubs, also ein Anwärter auf die Vollmitgliedschaft. Dieser große, muskelbepackte Hamburger machte in Duisburg ordentlich Stimmung gegen die Höllenengel.

Über Sandberg lernte ich den Präsidenten des Duisburger Satudarah-Chapters – »Charter« heißen diese Ortsgruppen nur bei den Hells Angels – kennen, der sich als Ali Osman vorstellte, mit bürgerlichem Namen jedoch Yildiray Kaymaz heißt. Sein Spitzname erinnert an einen sehr bekannten Unterweltboss aus Istanbul, über den es sogar einen türkischen Spielfilm gibt. Kaymaz war nicht groß und muskelbepackt wie die anderen Mitglieder seines Clubs, sondern flink und drahtig. Das machte ihn zu einer interessanten Erscheinung inmitten seiner meist viel größeren Kollegen. Osmans Augen strahlten Intelligenz, aber auch eine gewisse Verschlagenheit und Härte aus. »Dieser harte Knochen weiß, was er will und wie er es bekommt«, dachte ich mir damals. Ein klares Zeichen signalisierte, wem die Loyalität des Präsidenten gehörte: Osman hatte sich das Logo seines Clubs ganz prominent auf die linke Seite des Halses tätowieren lassen.

Ende Februar 2013 zahlte sich meine Arbeit schließlich aus und ich bekam mein erstes Interview mit dem Deutschland-Präsidenten des Satudarah MC. Ich besuchte Ali Osman im MC-Clubhaus in Rheinhausen, dem Stadtteil von Duisburg, in dem er aufgewachsen ist. Das Haus, ein ehemaliges Bistro, das die Rocker gekauft und umgebaut hatten, erinnerte ein wenig an eine Diskothek: Es gab einen großen Partyraum, komplett mit Bar, Billardtisch und Tanzfläche. Die Bar zierte ein chromblitzender Harley-Davidson-Motor, der zu einer Zapfanlage umgebaut worden war. Das hatte bestimmt eine Stange Geld gekostet. Überall sah man die Clubfarben Satudarahs, Schwarz und Gelb, und auch das Logo war allgegenwärtig – es prangte an fast jeder Wand.

Der eigentliche Clubraum neben dem großen Partyraum war spartanisch eingerichtet. In der Mitte stand ein riesiger runder Tisch mit 25 Stühlen. In diesem Raum fanden normalerweise Besprechungen statt, wenn Entscheidungen getroffen werden mussten, die den gesamten Club betrafen. Jedes vollwertige Mitglied hatte eine Stimme, und am Ende entschied die Mehrheit, was getan werden sollte. Der doppelköpfige Indianer dominierte auch den Clubraum – er prangte riesengroß an der Wand hinter dem Tisch. Mit in den Raum kam ein weiteres Satudarah-Mitglied, das mir als Christoph Jansen (Name wurde geändert) vorgestellt wurde. Jansen war, wie Jonas Sandberg, Deutscher – für den Club beinahe eine Besonderheit, denn wie ihr Präsident hatten die meisten Member einen Migrationshintergrund.

Jansen entsprach eher der typischen Vorstellung von einem MC-Boss: Er war groß und ziemlich muskulös. Er wirkte auf mich nicht unsympathisch, aber ein wenig düster und verschlagen. Auch wenn er mich optisch an einen der Römer aus Asterix und Obelix erinnerte, ahnte ich, dass er ein skrupelloser Typ war, der nicht davor zurückschreckte, auch einmal zuzuschlagen.

Der Aufnäher vorne auf seiner Kutte wies Jansen als das Mitglied der Führungsebene aus, das für die Sicherheit zuständig war. Er hatte dafür zu sorgen, dass die Clubregeln eingehalten wurden, und konnte bis zu einem gewissen Grad Entscheidungen, die die Sicherheit des Clubs betrafen, auf eigene Faust treffen, ohne mit dem Präsidenten Rücksprache zu halten. Wenige Tage vor meinem Interviewtermin schien sein Handeln gefordert gewesen zu sein: Auf das Bistro neben dem Clubhaus war geschossen worden. Es hatte keine

Verletzten gegeben, aber es schien, dass das Satudarah-Clubheim das eigentliche Ziel der Attacke gewesen war. Waren den Hells Angels die Späße im Rotlichtviertel zu bunt geworden? Hatten sie sich entschlossen, den neuen Club auf diese Weise in die Schranken zu weisen?

Wir setzten uns an den runden Tisch, Jansen nahm mir gegenüber Platz. Er verschränkte die Arme, was bei seinem durchtrainierten Körper ordentlich Eindruck machte. Ich kam gleich zur Sache und erkundigte mich nach den Schüssen auf das Bistro. Die Rocker antworteten mir überwiegend mit beredtem Schweigen.

»Der konnte wohl nicht besonders gut schießen«, erwiderte lediglich Osman lapidar auf meine Frage nach dem Täter. An solche Antworten war ich bereits gewöhnt. So ist das eben bei den MCs – alles wird untereinander geregelt, keine Polizei, keine Presse. Die Jungs von Satudarah spielten die Sache herunter. Ich blieb beharrlich, wollte es mir aber andererseits nicht gleich mit den Rockern verscherzen. Die Satudarah-Jungs begegneten meinem Team und mir nicht unfreundlich, aber distanziert. Wir merkten deutlich, dass wir nicht erwünscht waren, aber für den Moment geduldet wurden. Und diese Stimmung konnte schnell umschlagen.

»Wir haben vor niemandem Angst«, ergriff Jansen plötzlich das Wort. »Wir wissen nicht, wer das war. Es ist uns auch egal.«

Damit war dieses Thema für ihn erledigt. Jansen lächelte verschmitzt, aber dieses Lächeln erreichte seine Augen nicht. »Wir wollen Motorrad fahren, und es geht uns um die Lagerfeuerromantik«, fügte er noch hinzu, doch ich konnte aus seinen Worten überdeutlich heraushören, dass es darum ganz bestimmt nicht ging.

Man präsentierte mir bei diesem Interview die offizielle Sicht des Clubs auf die Dinge. Diese Art Spiel ist bei Presseterminen üblich: Jeder weiß, dass hinter den Aussagen der Rocker mehr steckt, als sie zugeben wollen, und jeder kann sich denken, was das ist. Dennoch meiden alle das Thema. Aus Angst vor dem, was passieren könnte, wenn man eine Frage zu viel stellt, bohren die meisten Journalisten nicht allzu tief nach.

Erst viel später bekam ich in meinen Gesprächen mit Ali Osman im Gefängnis dessen inoffizielle Version der Geschehnisse zu hören. Er erzählte mir nicht nur von der Schießerei vor dem Clubhaus, sondern auch von der Geschichte des ersten deutschen Satudarah-Chapters, und er schilderte, wie es zu der Auseinandersetzung mit den Hells Angels kam. Die Geschichte des deutschen Satudarah-Chapters bildet den Hintergrund, den man kennen muss, um die Rolle von Christoph Jansen, der später angab, als V-Mann für die Polizei tätig gewesen zu sein, zu verstehen.

KAPITEL 3

BROTHERHOOD CLOWN TOWN MC

Als in Rheinhausen bekannt wurde, dass wir einen Motorradclub gegründet hatten, nahm man uns zunächst nicht ernst. Aber ich wollte in der Profiliga spielen und wollte ein eigenes Clubhaus – wir konnten uns nicht mehr in meiner Garage treffen. Das wäre ein Witz gewesen.

Ali Osman
über den Brotherhood Clown Town MC

Wie wurde der Sohn einer türkischen Gastarbeiterfamilie, der später den Spitznamen Ali Osman bekam, zum Präsidenten eines berühmt-berüchtigten Motorradclubs in Deutschland? Alles fing damit an, dass Ali Osman einen Motorradführerschein machte und sich eine Kawasaki Ninja ZX-10 R, eine schnelle Sportmaschine, kaufte. Damals fuhren nur wenige Türken Motorrad, doch ein guter Freund Osmans, der später in der Szene als »Bahadir« (Name geändert) bekannt werden sollte, besaß ebenfalls eine Maschine. Illegale Rennen auf Autobahnen, Fahrten unter Drogeneinfluss und Spritztouren nach Holland, wo man sich in den Coffeeshops eindeckte (Osman wurde 2008 mehrfach bei der Einfuhr geringer Mengen Drogen erwischt), gehörten in diesen Kreisen ebenso zur Tagesordnung wie Unfälle.

Als ein Bekannter tödlich verunglückte, hängte Osman seine Lederkombi zunächst an den Nagel und verkaufte seine Kawasaki – so groß war seine Angst, dass er selbst eines Abends nicht mehr zu seiner Familie nach Hause kommen würde.

Doch wen diese Leidenschaft gepackt hat, den lässt sie so schnell nicht wieder los. Das wird jeder, der schon einmal auf einem Motorrad gesessen hat, bestätigen. »Wenn ich Motorradfahrer gesehen habe, schlug mein Herz schneller. Meine Frau merkte das und schlug vor, dass ich mir eine Harley kaufen sollte«, erzählte mir Ali Osman nach seiner Verurteilung. Eigentlich mochte er diese Motorräder nicht besonders, da sie im Vergleich zu den schnellen Straßenmaschinen eher schwerfällig und langsam sind. Schnittig um die Kurven heizen und mit fast 300 Sachen über die Autobahn? Fehlanzeige.

Ali Osman entschied sich schließlich für eine Maschine, die sich nicht deutlicher von der Ninja unterscheiden konnte: eine Harley-Davidson Fat Boy. Dieses Modell war 1991 durch den Film »Terminator 2 – Tag der Abrechnung« mit Arnold Schwarzenegger weltberühmt geworden.

Osman stellte schnell fest, dass zwischen »Motorrad fahren« und »Harley fahren« tatsächlich ein Unterschied besteht. Er verliebte sich in seine neue Maschine und investierte mehrere Tausend Euro in einen Komplettumbau. Auch seine Garage baute er aus und ließ darin sogar Teppichboden verlegen und Sitzgelegenheiten aufstellen. Bahadir tauschte seine Suzuki Bandit ebenfalls gegen eine Harley ein. Die beiden Männer trafen sich regelmäßig in Osmans Garage, schraubten an ihren Motorrädern und fuhren an den Wochenenden zu bekannten Motorradtreffs in der Gegend.

2009 besuchten Osman und Bahadir die Hamburg Harley Days und trafen dort zum ersten Mal auf die Hells Angels. Der Club war schon 1983 in Hamburg verboten worden, hatte aber unter »Harbor City« weiterhin Bestand. 2009 wurde jedoch ein Kuttenverbot für die Angels in Hamburg durchgesetzt. »Das war die Geburtsstunde von Club 81«, erinnert sich Osman. Die Zahl steht für den achten und den ersten Buchstaben des Alphabets: H und A, Hells Angels. Die Mitglieder der Angels und ihrer Unterstützerclubs benutzen diese Zahlenkombination gerne für Tattoos oder KFZ-Kennzeichen, um »Eingeweihten« sofort zu signalisieren, mit wem sie es zu tun haben.

»Die Hells Angels machten mir das Angebot, bei ihnen einzusteigen, doch ich war zu dieser Zeit Geschäftsmann und konnte mir nicht vorstellen, ein Rocker zu werden«, erzählte Osman, der eine erfolgreiche Logistikfirma besaß, weiter. War es Zufall oder Schicksal, dass er in Hamburg ausgerechnet den Club kennenlernte, gegen den er später einmal Krieg führen würde? Diese Frage stellte sich Osman später oft.

Die Begegnung mit den Hells Angels ließ Osman jedoch nicht los. Tatsächlich sehen die Mitglieder eines Motorradclubs mit ihren Kutten und Aufnähern beeindruckend aus, wenn sie in großer Zahl auftauchen. Sie dominieren das Bild und erwecken den Eindruck, dass in ihren Reihen ein großes Zusammengehörigkeitsgefühl herrscht. Die Kutten der Biker sind mit Uniformen vergleichbar: Anhand der Aufnäher, der »Patches«, ist sofort zu erkennen, wer zu welchem Club gehört. Außerdem sorgen die Kutten für ein imposantes Auftreten, vor allem, wenn die »Brüder« in der Nähe sind und man sich ihrer Unterstützung sicher sein kann.

Die »Kutte« ist eine meist aus Leder gefertigte Weste. Die darauf angebrachten Patches weisen ihren Träger als Mitglied eines MC, eines Motorcycle Club, aus. Die sogenannten Colors, also die Gesamtheit der Club-Aufnäher, verraten ganz genau, mit wem man es zu tun hat. Der große Center Patch, der mittig auf dem Rücken angebracht ist, zeigt das Logo des Clubs, daneben findet sich oft noch ein kleinerer Aufnäher mit »MC«. Ober- und unterhalb des Center Patch werden, meist halbkreisförmig, die sogenannten Top und Bottom Rocker aufgenäht. Auf dem Top Rocker steht üblicherweise der Name des Clubs, beispielsweise »Satudarah«, auf dem Bottom Rocker die regionale oder nationale Bezeichnung, also beispielsweise »Deutschland«. Auf der Vorderseite der Kutte werden kleinere Patches angebracht, die zum einen erneut den Clubnamen zeigen und zum anderen den Rang oder die Funktion des Mitglieds angeben, etwa »President« oder »Sergeant at Arms«. Dem links unten angebrachten Side Rocker, einem Patch in Form eines Viertelkreises, kann man den Namen des regionalen Chapters (oder Charters) entnehmen. Hinzu kommt manchmal der »Onepercenter«, ein rautenförmiger Aufnäher mit der Aufschrift »1%«. Dieser Patch wird von den Outlaw-MCs verwendet und geht auf ein Motorradtreffen der American Motorcyclist Association (AMA) zurück, das 1947 in der kalifornischen Kleinstadt Hollister stattfand. Auf dem Treffen kam es zu handgreiflichen Auseinandersetzungen zwischen den Besuchern, über die in den amerikanischen Medien teilweise sehr reißerisch berichtet wurde. Die AMA erklärte später, dass 99 Prozent ihrer Anhänger friedliebende Motorradfahrer seien und lediglich ein Prozent Streit suche. Die Biker, die sich mit dieser Sonntagsfahrermentalität nicht anfreunden konnten, brachten 1%-Aufnäher an ihren Westen an, um dem Lebensgefühl Ausdruck zu verleihen, das bis heute mit den MCs assoziiert wird: Kompromisslosigkeit und totale Freiheit. Die Outlaw-MCs achten in der Regel streng darauf, dass der »Onepercenter« auch nur von OMC-Membern getragen wird, und scheuen auch nicht davor zurück, »falschen« Einprozentern die Kutte gewaltsam abzunehmen.

Zurück in der heimischen Garage schlug Osman Bahadir vor, sich eigene Kutten anfertigen zu lassen – nur zum Spaß, weil es cool aussah. Osman übernahm die Gestaltung. Beim Design des Logos wählte er die Farben der türkischen Flagge, Rot und Weiß. »Schon seit meiner Jugend interessierte ich mich für die mexikanische Mafia, weil die Mexikaner in den USA wie die Türken in Deutschland sind. Ich entschied mich deswegen für einen mexikanischen Gangster-Clown und ließ ihn von meinem Tätowierer über gekreuzten Pistolen und mit Einschusslöchern zeichnen«, erzählte Osman. Da Bahadir und Osman wie Brüder waren, nannte Osman ihren Zweierclub Brotherhood und verband ihn mit dem Clown zu Brotherhood Clown Town, zunächst noch ohne den Zusatz MC. Die Kutten der beiden unterschieden sich in Aufbau und Aufmachung nicht von denen der Bandidos und der Hells Angels. Es gab jedoch von Anfang an eine Besonderheit, die auch nach der offiziellen MC-Gründung und dem geschlossenen Übertritt zum Satudarah MC erhalten blieb: Jedes Mitglied durfte seine Nationalflagge als Aufnäher auf der Kutte tragen.

Bei der Zweierbruderschaft blieb es nicht, denn kaum waren Osman und Bahadir mit ihren Kutten anderen Bikern bei Motorradausflügen aufgefallen, beschlossen sie, einen richtigen MC zu gründen. Nach einigem Suchen fand sich ein Bistro, das Osman kaufte und zusammen mit seinem Freund zu einem Clubhaus umbaute. Nach und nach nahm der Brotherhood Clown Town MC neue Mitglieder auf, allesamt Bekannte und Freunde der beiden Gründer aus der Region. Laut Osman stieg die Zahl der Mitglieder innerhalb eines Jahres auf 25 an. Von dem Leitsatz des Brotherhood Clown Town MC, dass die Nationalflaggen der Heimatländer auf den Kutten getragen werden durften, machten die Neuzugänge, die wie Osman und Bahadir meist einen Migrationshintergrund hatten, gerne Gebrauch. Der Besitz eines Motorradführerscheins und einer Harley-Davidson war

Pflicht, und jedes Mitglied musste monatlich hundert Euro in die Clubkasse zahlen. Wie bei anderen Clubs auch gab es feste Strukturen: Osman fungierte als Präsident, Bahadir als Vizepräsident. Es gab einen »Treasurer«, also Schatzmeister, der die Kasse verwaltete. Die Prospects, die Anwärter auf eine Mitgliedschaft, und die Hangarounds, sozusagen die Anwärter auf die Anwärterschaft, hielten das Clubhaus sauber, standen hinter der Theke, erledigten die Einkäufe und übernahmen den Wachdienst am Clubhaus. Hinzu kamen die in der Rangordnung noch unter den Hangarounds stehenden »Wannabes«, die erst noch unter Beweis stellen mussten, dass sie für den Club ein Zugewinn waren.

Allein die vielen Vorstufen, die man durchlaufen muss, um Prospect zu werden, zeigen mehr als deutlich, wie geschlossen die Welt der Motorradclubs ist. Selbst ein Club wie der Brotherhood Clown Town MC, der – zumindest nach Osmans Schilderungen – keinerlei kriminelle Aktivitäten an den Tag legte und keine nennenswerte Kontakte zu anderen Clubs pflegte, nahm nicht ohne Weiteres neue Mitglieder auf. Aus diesem Grund ist es der Polizei nur äußerst selten möglich, verdeckte Ermittler in die Clubs einzuschleusen oder V-Männer anzuwerben.

Die Eröffnungsfeier des Clubheims war nach allem, was Ali Osman mir erzählte, eine sehr ausgelassene Party mit Stripperinnen und jeder Menge Alkohol und Drogen. Es waren keine Mitglieder anderer Clubs eingeladen, denn, so Osman, »wir kannten niemanden, und niemand kannte uns«.

War die Eröffnung schon ein rauschendes Fest, so glich die letzte Feier, die der Brotherhood Clown Town MC veranstaltete, einer regelrechten Orgie. Sie fand in einem Saunaclub in Bayern statt, den die Rocker zwei Tage lang für sich alleine hatten. »Mehrere Kübel Champagner, Wodka und Whiskey wurden auf die Tische gestellt. Ich legte Koks und Gras dazu. Dann ging es los. Zeit und Raum spielten keine Rolle mehr. Es waren mehr als zehn Frauen da, und alle zogen Koks und rauchten Gras. Es war eine hemmungslose Feier, alle waren im Vollrausch. Bahadir und ich waren zufrieden. Es lief großartig für die Gemeinschaft«, sagte Osman.

Anlass der zweitägigen Party war der geschlossene Wechsel des Brotherhood Clown Town MC zu Satudarah. Grund für den Wechsel waren laut Osman die Konflikte, die von 2009 bis 2012 im Ruhrgebiet zwischen den Hells Angels und den Bandidos ausgetragen worden waren und in die der Brotherhood Clown Town MC hineingezogen worden war.

In der Anfangszeit des Brotherhood Clown Town MC hatte Osman nach eigenen Angaben noch nichts mit diesem Krieg zu tun gehabt, da der Kontakt zur Szene nicht besonders intensiv gewesen war, auch wenn er und seine MC-Kollegen einzelne Mitglieder anderer Clubs kannten. Erst nach der Clubgründung habe er ein schärferes Auge auf die Szene gehabt. Tendenziell habe der Brotherhood Clown Town MC auf der Seite der Bandidos gestanden, da dieser Club in Duisburg schon länger aktiv war als die Angels und seine Mitglieder aus der Gegend stammten. Osman stellte bald fest, dass die Hells Angels der einzige Club war, der ganz offen keine anderen MCs neben sich duldete. Das ging nicht nur Ali Osman, sondern auch den anderen Clubs gegen den Strich. Die »Rot-Weißen«, wie die Hells Angels aufgrund ihrer Clubfarben auch genannt werden, versuchen grundsätzlich, die Konkurrenz zu verdrängen und ein Revier vollständig zu beherrschen. Diese absolute Kontrolle ist ihnen wichtig, damit sie das Geld, das sie mit ihren legalen und illegalen Geschäften verdienen, nicht mit anderen teilen müssen. Für dieses Verhalten sind die Hells Angels inzwischen auch außerhalb der Szene bekannt. Inwieweit Clubs wie die Bandidos in dieser Hinsicht anders agieren, sei dahingestellt. Zumindest legen andere Clubs Wert darauf, ihr Image als einigermaßen tolerante Rocker, die kleine Fische im Becken dulden, zu erhalten.

Nach Osmans Schilderungen sorgten jedoch nicht die Hells Angels, sondern die Bandidos dafür, dass der Brotherhood Clown Town MC ins Zentrum der Aufmerksamkeit rückte. Deren Duisburger Chapter wurde nervös, weil auch das Logo des Brotherhood Clown Town MC die Farben Rot und Weiß zeigte – in den Augen der Bandidos rückte der Club damit in die Nähe der Hells Angels. Der Bandidos-Präsident für Duisburg lud Osman und Bahadir zu einem Gespräch, zu dem Osman vorsichtshalber eine Pistole mitnahm.

Das Treffen verlief jedoch friedlich. Osman versicherte den Bandidos in Duisburg, dass er und sein Club nichts mit den Hells Angels zu tun hätten und die Farbgebung des Logos durch die Flagge der Türkei beeinflusst sei. Die Bandidos glaubten ihm. Zwischen den Bandidos und dem Brotherhood Clown Town MC entwickelte sich eine regelrechte Freundschaft: Die beiden MCs besuchten sich des Öfteren gegenseitig in den jeweiligen Clubhäusern. Mit einem Mitglied der Bandidos freundete sich Ali Osman persönlich an. Die beiden tauschten ihre Handynummern aus und trafen sich zu Gesprächen. »Durch ihn erfuhr ich alles, was ein Präsident wissen muss, um einen MC professionell zu führen«, erklärte Osman später. Das Bandidos-Mitglied gab Osman beispielsweise Tipps zum richtigen Wirtschaften, zeigte ihm, wie man Einnahmen und Ausgaben im Griff behielt, und erklärte ihm auch, was es bei der Planung und Organisation von Ausfahrten zu beachten gab.

Der Bandidos MC und der Brotherhood Clown Town MC zeigten sich auch in der Öffentlichkeit zusammen, was der Presse – und damit auch den Hells Angels – nicht verborgen blieb. Als die Bemerkung die Runde machte, der Brotherhood Clown Town MC sei ein Unterstützerclub der Bandidos, klopften schließlich die Hells Angels bei Ali Osman an. Bei einem Treffen mit den inoffiziellen Vertretern der Angels in Duisburg (offiziell gab es zu dieser Zeit kein Duisburger Charter) machte Osman deutlich, dass sein Club eigenständig sei. Die Hells Angels versuchten, ihn zu überzeugen, sich ihnen anzuschließen – immerhin bestehe die Basis des Duisburger Charters ebenfalls aus Türken, und der Brotherhood Clown Town MC trug sogar dieselben Farben wie die Höllenengel. Man müsse zusammenhalten, argumentierte der Höllenengel, der als Präsident fungierte.

Ali Osman lehnte das Angebot dankend ab – und bewirkte damit, dass sich die Hells Angels nun eingehender mit dem Brotherhood Clown Town MC befassten. Sie versuchten, so Osman, mit allen Mitteln, die Mitglieder seines Motorradclubs einzuschüchtern und zu provozieren. Brotherhood-Clown-Town-MC-Members wurden von Hells Angels beleidigt und verbal attackiert. Dem Club wurde zu verstehen gegeben, es sei ungeschriebenes Gesetz in der Szene, dass nur die Hells Angels die Farben Rot und Weiß tragen dürften.

Am 2. Juni 2011, am Vatertag, eskalierte der Konflikt zwischen den beiden Clubs zum ersten Mal. Laut den Schilderungen Osmans chillte er an diesem warmen Sommertag im Clubhaus, als ihn ein Member anrief und ihm erzählte, dass er und seine Frau im Duisburger Innenhafen, einem beliebten Viertel mit Cafés und Bars, von mehreren Prospects der Hells Angels aufgehalten und bedroht worden seien. Nach wochenlangen Provokationen lief das Fass nun über. Osman und seine MC-Brüder fuhren zum Innenhafen und stellten die Angels. Es flogen einige Bierkrüge, und einige der Höllenengel verschanzten sich in dem Café, vor dem sie gesessen hatten. Die Polizei war schnell vor Ort. Der Brotherhood Clown Town MC hatte schon vor dem Eintreffen der Einsatzkräfte den geordneten Rückzug angetreten, doch die Hells Angels wurden festgenommen. Die Medien berichteten später, die Bandidos hätten die Hells Angels am helllichten Tag angegriffen, aber in der Szene wusste jeder Bescheid.

»Von diesem Tag an erklärten mir die Hells Angels den Krieg«, sagte Osman. »Ich hatte mit dieser Aktion den schlafenden Riesen geweckt und mich mit dem größten Motorradclub der Welt angelegt. Nun würde sich alles ändern. Ich musste Vorkehrungen treffen. Ich gab meinen Job auf und meldete meine Logistikfirma, die ich seit zwölf Jahren erfolgreich führte, auf meine Schwester um. Meine Frau und meine Kinder lebten zu dieser Zeit nicht bei mir, sondern in einer eigenen Wohnung, weil meine Frau etwas Abstand von mir haben wollte. Ich war dankbar für diesen Umstand, denn die Hells Angels wussten schließlich, wo ich wohnte.«

Osmans Brotherhood Clown Town MC bewaffnete sich, nachdem die Mitglieder einhellig dafür gestimmt hatten, im Club zu bleiben. Über die Auflösung des Clubs war nicht ernsthaft diskutiert worden – dabei wäre sie ein Mittel gewesen, die Eskalation des Konflikts zu verhindern.

»Ich musste mich entscheiden, welche Gangart ich einlegen wollte, wenn es zum offenen Krieg kam. Dazu gehörte auch, dass ich mir Gedanken über die Art der Waffen machen musste.«

Ob die Clubmitglieder, wie Ali Osman selbst, schon vorher – legal oder illegal – Waffen besaßen, kann ich nicht mit Sicherheit sagen. Die Vermutung liegt allerdings nahe. Ali Osman war keineswegs ein unbescholtener Duisburger Bürger, er war bereits vor seiner Zeit als Motorradfahrer mit dem Gesetz in Konflikt geraten – auch wenn seine früheren Vergehen (unerlaubte Einfuhr von Betäubungsmitteln) »nur« mit Geldstrafen geahndet wurden. Dass es für ihn nichts Ungewöhnliches war, eine Waffe zu tragen, zeigten mir auch Äußerungen, die er in unseren späteren Gesprächen im Knast machte, bei denen er zwischen Kalaschnikows und »alltäglichen Waffen« wie Pistolen und Revolvern unterschied.

Das Clubhaus des Brotherhood Clown Town MC wurde mit Kameras ausgestattet, und Osman stellte mehrere bewaffnete Wachposten auf. Im Clubhaus saß jemand, der die Monitore im Blick hatte und über Funk Kontakt zu den Wachen herstellen konnte. Der Brotherhood Clown Town MC wartete ab, was sein Gegner als Nächstes unternehmen würde.

21

2.4 Erkenntnisse mit Hinweise zum Rockerbezüge

Laut VP-Hinweis vom 11.02.2012 (Eingang: 21.02.2012) habe [geschwärzt] Im Zusammenhang mit seinen Drogengeschäften Bezüge zu einem „YILDIRAY", der Mitglied einer Rockergruppierung in Duisburg-Rheinhausen, sei.

Auffällig ist in diesem Zusammenhang die polizeiliche Feststellung vom Januar 2012 (siehe Pkt. 3.1.3) mit der [geschwärzt] als Fahrzeugführer des schwarzen [geschwärzt] mit dem amtlichen Kennzeichen : [geschwärzt] – an der Heckscheibe Aufkleber/Patch „BROTHERHOOD" , festgestellt werden konnte.
Des weiteren konnte laut polizeilicher Feststellung eine „ Kutte" , eine für Rockergruppierungen typisches Oberbekleidungsstück mit Zugehörigkeitsemblemen, im Fahrzeuginneren erkannt werden.

[geschwärzt] Erkenntnisse zu MC Brotherhood:
Zu MC BROTHERHOOD" wurde bekannt, dass es sich um die Bezeichnung / Namensgebung eines sich in [geschwärzt] relativ neu etablierte Rockergruppierung handelt, die ihr Clubheim „ Clowntown" in der Stadtmitte von [geschwärzt] , [geschwärzt] Str. [geschwärzt] in [geschwärzt], angesiedelt hat.

Aufgrund von polizeilichen Auswertungen ist dazu weiterhin bekannt geworden, dass es sich bei dem Präsidenten und „Kopf" des MC Brotherhood, um den kriminalpolizeilich bereits mehrfach in Erscheinung getretenen,

<u>Yildiray</u> KAYMAZ,
[geschwärzt]
[geschwärzt]
[geschwärzt]

handelt.

Fazit:
Inwieweit es sich bei diesem „YILDIRAY" um die von der VP benannte identische Drogen-Kontaktperson des [geschwärzt] handeln könnte, ist weiter zu verifizieren.

Aufgrund des von [geschwärzt] angebrachten Aufkleber „Brotherhood" an seinem genutztem PKW und durch den Besitz einer „KUTTE" , signalisiert und manifestiert dieser aber bereits eine nicht nur geringe Zugehörigkeit zum MC Brotherhood.

Anzuführen ist, dass die bei Rockergruppierungen üblich immanent begangenen Strafttaten wie Gewalttaten, auch milieubedingte weitere Erscheinungsformen, wie die des zu unterstellenden Drogenhandels, zuzurechnen sind.
In diesem Zusammenhang, kann es sich bei [geschwärzt] um den Drogenlieferanten/ Drogenverkäufer der wie bei allen MC hierarchisch aufgebauten Gruppierung bzw. Bande der MC BROTHERHOODS und deren Drogenbedarfs, handeln.

Die Ermittlungen bedürfen einer besonderen Sensibilität und Vorgehensweise, auch im Hinblick auf Gefährdungsaspekte.

[geschwärzt]
[geschwärzt]

<u>Anlagen:</u> Gewerbeauskünfte

5

KAPITEL 4

PATCHOVER

*Würde sich der Club nur jeden
Sonntag treffen und rumfahren, würde
ja kein Arsch darüber reden.*

Ali Osman

Kurz nach der Prügelei am Vatertag begannen die Hells Angels, verstärkt auf Brotherhood-Clown-Town-MC-Mitglieder loszugehen – meist zu mehreren auf einen einzelnen Member. Auf beiden Seiten gab es immer wieder Leichtverletzte. Im Gegenzug machte der Brotherhood Clown Town MC den Angels das Leben etwas schwerer. Zwar blieb es vorerst bei vergleichsweise harmlosen Prügeleien, aber Aktion und Reaktion setzten eine Spirale der Gewalt in Gang, in der bald nicht mehr nur die Fäuste sprachen. Wie spätestens die Auseinandersetzungen zwischen Hells Angels und Bandidos in den 1990er Jahren in Skandinavien gezeigt haben, laufen »Kriege« unter den MCs immer nach demselben Schema ab: Sie beruhen auf einem Kreislauf aus Angriff und Vergeltung, der so lange weiterläuft, bis einer der beiden Clubs nicht mehr in der Lage ist, zurückzuschlagen.

Nach einem Besuch bei den Bandidos etwa fuhren Osman und seine Freunde nach Hause zurück, als ihnen auffiel, dass sie von zwei Autos verfolgt wurden, die die Zahl 81 im Kennzeichen hatten – das Zeichen der Hells Angels. Erst als Osman eine Waffe aus dem Wagenfenster hielt und auf seine Verfolger zielte, ließen sie von ihm ab. Schüsse musste er seinen Angaben zufolge nicht abfeuern – *noch* nicht. Dieses Ereignis ließ Osman zu dem Schluss kommen, dass es so nicht weitergehen konnte. »Für mich war klar: nun war Schluss mit der Defensive!«

Osman setzte seinen Entschluss prompt in die Tat um und ließ die Mitglieder seines Clubs jeden Abend im Rotlichtviertel vor den Bordellen der Hells Angels auflaufen, um die Polizei anzulocken und den verfeindeten MC dadurch finanziell zu schädigen. Diese Strategie war jedoch keine dauerhafte Lösung. Osman selbst verließ bei Tag kaum noch das Haus und war überwiegend nachts aktiv. Außerdem war durch diese an sich clevere und gewaltfreie Aktion neben dem Hells-Angels-»Riesen« noch ein weiterer Gigant geweckt worden: Die Polizei nahm Osmans Club nun immer schärfer ins Visier. Verkehrskontrollen vor dem Clubhaus gehörten bald zur Tagesordnung.

Ali Osman war klar, dass sein relativ kleiner Club es allein zahlenmäßig nicht mit den Hells Angels aufnehmen konnte: Der Brotherhood Clown Town MC besaß 25 Member, die Mitgliederzahl der Angels geht in die Tausende. Zudem sind die Angels international aktiv und sie haben einen mehr als einschüchternden Ruf. Eine einfache Suche im Internet führt jedem die immense Größe dieses Clubs deutlich vor Augen. Osmans Clubbrüder verloren zusehends an Moral, und auch Osman selbst kam an seine Grenzen.

Bei einer Clubversammlung diskutierten alle Mitglieder, wie es weitergehen sollte. Den Brotherhood Clown Town MC aufzulösen und sich damit den Angels zu unterwerfen, war immer noch ein Ausweg, den niemand nehmen wollte. Stattdessen kam der Vorschlag auf den runden Tisch, sich einem größeren Club anzuschließen. Dieses Vorgehen wird in der Szene Patchover genannt, weil die Mitglieder ihre alten Colors, also die Aufnäher auf ihren Kutten, gegen die des neuen Clubs tauschen. Da, so Osman, allen Mitgliedern daran gelegen war, dass endlich wieder Ruhe, Frieden und so etwas wie Normalität einkehrten, wollten sie sich einen Club suchen, der keinen Ärger mit den Hells Angels hatte. Damit schieden die Bandidos, mit denen der Brotherhood Clown

Town MC freundschaftlich verbunden war, aus, und Osman lehnte ein entsprechendes Angebot ab. Aber auch einige andere große Outlaw-MCs wie die Mongols und die Outlaws standen nicht zur Debatte, denn auch sie hatten Probleme mit den Hells Angels. Der Gremium MC kam grundsätzlich nicht infrage, weil dem Club eine Verbindung zur rechten Szene nachgesagt wurde – für die Araber, Kurden, Türken und Deutschen, die sich im Brotherhood Clown Town MC zusammengefunden hatten, war es undenkbar, diesem Club beizutreten.

Während Osman nach einem Club suchte, der zum Brotherhood Clown Town MC passen könnte, fiel ihm ein Mann ein, den er Jahre zuvor in Amsterdam gesehen hatte. Dieser Mann war mit der Kutte seines MCs mitten in einem Stadtgebiet unterwegs gewesen, das von den Hells Angels kontrolliert wurde. Er schien keine Angst vor den Rot-Weißen gehabt zu haben, denn er war ganz alleine gewesen, ohne jede Verstärkung, und er war so ruhig und sicher aufgetreten, als wüsste er, dass man ihn in Ruhe lassen würde. Dieser Mann hatte zum Satudarah MC gehört. Osman begann, im Internet Informationen über den holländischen Club zu sammeln. Was er dort fand, gefiel ihm: »Ich hatte das Gefühl, die Lösung für uns gefunden zu haben. Satudarah und wir hatten viele Gemeinsamkeiten. Sie waren auch multikulturell ausgerichtet, jeder konnte seine Nationalflagge auf der Kutte tragen. Es gab keinen Rassismus. Und das Beste war: Keiner in Deutschland kannte Satudarah – und somit hatte auch keiner in Deutschland mit Satudarah Probleme.«

Selbst bei einer rein oberflächlichen Recherche im Internet findet man jedoch auch schnell heraus, dass einige der holländischen Satudarah-Mitglieder, bis in die höheren Ebenen hinein, mit verschiedensten Verbrechen in Zusammenhang stehen – vom Handel mit Waffen und Drogen über Erpressung bis hin zu Mord. Satudarah gilt als größter und gefährlichster Club in den Niederlanden. Viele Berichte belegen auch, dass der Club immer wieder mit den Hells Angels aneinandergerät. Saturdarah scheint sich dabei im Laufe der Zeit durchgesetzt zu haben, denn die Angels, die bereits seit 1979 in den Niederlanden aktiv sind, zeigen dort deutlich weniger Präsenz als in anderen europäischen Ländern.

Hatte Ali Osman bei seiner Recherche, die seinen Angaben nach einen ganzen Tag in Anspruch genommen hatte, übersehen, dass er es hier nicht unbedingt mit friedliebenden Motorrad-Enthusiasten zu tun hatte? War er, wie er später immer wieder betonte, tatsächlich von der multikulturellen Ausrichtung des Satudarah MC so begeistert, dass er nicht wahrhaben wollte, was über den Club ansonsten berichtet wurde? Hatte Osman vielleicht ganz bewusst nach einem MC gesucht, der in der Lage war, den Angels die Stirn zu bieten? Der die Angels sogar schon einmal besiegt hatte? Oder hatte die Aussicht auf ein lukratives Drogengeschäft mit den Holländern den Ausschlag gegeben? Die Niederlande gelten als einer der zentralen Umschlagplätze für Drogen aller Art. Vielleicht hatte Osman die Möglichkeit gereizt, von Satudarah mit einem stetigen, zuverlässigen Nachschub an Drogen versorgt zu werden, die er und seine Clubmitglieder verkaufen konnten. Immerhin konnte sich Osman, der seit Beginn der Auseinandersetzungen mit den Hells Angels die Arbeit für seine Firma eingestellt hatte, auch weiterhin dicke SUVs leisten.

Welche Gründe Ali Osman für seinen Vorschlag, sich dem Satudarah MC anzuschließen, auch hatte – die Brotherhood Clown-Town-MC-Mitglieder waren genauso begeistert wie ihr Präsident. Der Club schickte den Niederländern ein entsprechendes Angebot und wurde mit der gesamten Mannschaft zu einem ersten Kennenlernen in das Satudarah-Clubhaus im holländischen Enschede eingeladen. Osman stellte sich und seine Brüder vor, nachdem alle auf Waffen durchsucht worden waren, und teilte den Niederländern mit, dass sein Club bereit sei, geschlossen zum Satudarah MC zu wechseln. Die Niederländer waren von diesem Angebot sofort angetan, da es ihnen die Tür nach Deutschland öffnete, wo ihr Club bisher nicht vertreten war. Sie würden damit Zugang zur größten Motorradszene in Europa erhalten.

Nach dem ersten Gespräch holten die Holländer Erkundigungen über Ali Osman und seinen MC ein, und schon nach wenigen Tagen war der Brotherhood Clown Town MC wieder in Enschede. Osman und seine Brüder erhielten die Zusage: Satudarah nahm den Brotherhood Clown Town MC in seine Reihen auf, und Ali Osman sollte der Präsident für ganz Deutschland werden. Damit kam in Duisburg ein weiterer international operierender MC hinzu. Der deutsche Ableger würde sich zwar einerseits an die Grundregeln von Satudarah halten, andererseits aber auch einige eigene Regeln einführen, die der etwas anderen rechtlichen Situation in Deutschland Rechnung trugen.

Die Mitglieder des Brotherhood Clown Town MC mussten zunächst Member von Satudarah in Holland werden, ehe sie offiziell das Duisburger Chapter gründen konnten. Die Aufnahme erforderte die Teilnahme an einer geheimen Zeremonie – einer Art Initiationsritus, der sich an die indonesische Maluku-Tradition anlehnte – und jede Menge Besuche bei den verschiedenen Chaptern in Holland, bei denen sich die neuen Mitglieder vorstellten und Kontakte knüpften.

Anfang Mai fand schließlich in Rotterdam der Kuttentausch statt, bei dem die Brotherhood-Clown-Town-MC-Mitglieder ihre alten Westen ablegten und die neuen mit den Satudarah-MC-Patches anzogen. Über den vollzogenen Wechsel bewahrten die neuen Satudarah-Mitglieder auf Anordnung ihres Präsidenten zunächst Stillschweigen. Der hatte nämlich einen Plan, wie er den Club in Deutschland bekannt machen wollte. Mit dem Übertritt hatte sich Ali Osmans Einstellung in Bezug auf seine Ziele als Präsident geändert: »Mit Brotherhood Clown Town hatten wir schon großes Potenzial gehabt, um in Deutschland groß zu werden, aber das war damals nicht meine Absicht gewesen. Jetzt, mit Satudarah, war das anders. Jetzt waren wir nicht mehr alleine, sondern hatten Unterstützung. Jetzt war es mein Hauptziel, in Deutschland groß zu werden.«

Wie es zu diesem Gesinnungswechsel kam, hat Ali Osman mir gegenüber nie preisgegeben. Hatte der Streit mit den Hells Angels etwas damit zu tun? Wollte Osman deutschlandweit Mitglieder rekrutieren, um beim nächsten Scharmützel mit den Weiß-Roten mehr Männer hinter sich zu wissen? War von den holländischen Anführern eine Expansionspolitik angeordnet oder sogar zur Bedingung für den Patchover gemacht worden? Auf jeden Fall scheinen, wie später aus Berichten und Interviews mit einigen ehemaligen Satudarah-MC-Mitgliedern bekannt wurde, die Drogengeschäfte mit den Niederländern bei dieser Entscheidung keine geringe Rolle gespielt zu haben.

Osmans Plan war so einfach wie genial: Er setzte einen Monat nach dem Patchover eine große Feier zur Eröffnung des ersten deutschen Satudarah-MC-Chapters in Duisburg an, zu der auch die Presse eingeladen war. So etwas hatte es vorher noch nie gegeben und entsprechend groß war der Andrang der Journalisten. Nach der Pressekonferenz mussten die Medienleute allerdings schnell wieder verschwinden, damit die Biker, von denen an diesem Tag nur wenige mit dem Motorrad gekommen waren, in Ruhe feiern konnten. Das wurde dann auch ausgiebig getan – wie immer mit jeder Menge Alkohol, Drogen und natürlich Frauen. Diese Eröffnungsfeier fand am 2. Juni 2012 statt, ein Jahr nach der Schlägerei mit den Hells Angels im Duisburger Innenhafen. Ich weiß nicht, ob Ali Osman diesen Termin mit Absicht wählte, um den Rot-Weißen überdeutlich zu zeigen, dass er sich von ihnen nicht einschüchtern lassen wollte und jetzt mächtige neue Verbündete hatte. Vielleicht war es auch einfach nur Zufall.

Durch die Pressekonferenz machte Osman seinen Namen und den von Satudarah in Deutschland über Nacht berühmt, denn die Medien berichteten ausführlich über das Ereignis. Allerdings hatte die Berichterstattung auch eine vielleicht nicht beabsichtigte Nebenwirkung: Satudarah wurde in den Zeitungen als neuer Gegner der Hells Angels in Deutschland dargestellt, weil bereits bekannt war, dass ihr Chef Osman sich mit den Engeln nicht sonderlich gut verstand.

Die Lage in Duisburg spitzte sich auch nach dem Patchover immer weiter zu. Ein halbes Jahr nach der Eröffnungsfeier kam es zu den Schüssen auf das Bistro neben dem Satudarah-Clubheim. Nach seiner Inhaftierung schilderte mir Osman erstmals die inoffizielle Variante:

Der Präsident des Duisburger Hells-Angels-Charters hatte sich bei Osman gemeldet und seine Bereitschaft signalisiert, bei einem informellen Treffen darüber zu sprechen, wie man die für alle Beteiligten unangenehme Situation bereinigen und Frieden schließen könnte. Osman bot dem Präsidenten an, sich mit ihm am nächsten Sonntagmorgen vor dem Satudarah-Clubhaus zu treffen, alleine und auf offener Straße. Er erzählte seinen Brüdern nichts von der Verabredung, weil diese sonst darauf bestanden hätten, ihn zu begleiten, und dann die Gefahr groß gewesen wäre, dass die Situation eskalierte. Osman sagte, er habe einen möglichen Frieden nicht gefährden wollen, indem er bereits das erste Sondierungsgespräch sabotierte.

Da er jedoch nicht ganz unvorbereitet in dieses Treffen gehen wollte, reinigte er am Vorabend seine Pistolen, eine P99 und eine Glock, mit Einweghandschuhen und Mundschutz, sodass auf keiner der Waffen Fingerabdrücke oder DNS-Spuren zu finden sein würden. Die P99 legte er in seinen BMW, den er in einiger Entfernung vom Clubhaus parkte. Im Kofferraum deponierte er eine Tasche mit Wechselkleidung, ein zweites Handy und eine schusssichere Weste.

Am Sonntagmorgen machte sich Ali Osman lange vor dem vereinbarten Zeitpunkt in einem geliehenen Mini Cooper auf den Weg zum Satudarah-Clubheim. Eine weitere schusssichere Weste hatte er angelegt, seine Glock eingesteckt. Seine Sturmhaube trug er zur Mütze zusammengerollt auf dem Kopf, damit er sie sich, sollte es zum Äußersten kommen, blitzschnell übers Gesicht ziehen konnte. Er fuhr zunächst die Straßen um das Clubheim ab, um zu prüfen, ob sich der Präsident an die Abmachung gehalten hatte, kein Aufgebot an Unterstützern aufzustellen. Dann stellte er sich vor das noch geschlossene Bistro neben dem Clubhaus und wartete. Zum vereinbarten Zeitpunkt erschien ein schwarzer Mercedes auf den ansonsten fast leeren Straßen. Die beiden Männer in dem Wagen kannte Osman nicht – der Angel, mit dem er verabredet war, war nicht dabei. Als die Männer Osman bemerkten, wendeten sie an der nächsten Kreuzung und rasten mit Vollgas auf ihn zu. Kurz vor Osman kam der Wagen zum Stehen, der Beifahrer sprang heraus und eröffnete das Feuer. Osman ging hinter einem parkenden Auto in Deckung und schoss zurück. Die beiden Angreifer ergriffen die Flucht, und Osman fuhr in dem Mini Cooper, den er ein paar hundert Meter entfernt geparkt hatte, nach Hause. Verletzt wurde niemand, aber das Bistro und das parkende Auto waren beschädigt worden. Der Bistrobesitzer rief Stunden später schließlich die Polizei.

»Man rätselte, was vorgefallen war«, erzählte Osman. »Obwohl die Schüsse Richtung Wagen und Bistro gingen, nahmen die Medien sofort mein Clubhaus ins Visier und berichteten, dass es das eigentliche Ziel der Schüsse gewesen sei. Dabei war es fünfzig Meter vom Bistro entfernt und zeigte keinerlei Einschusslöcher oder sonstige Schäden.«

Bis zu diesem Sonntag hatte es bei den Auseinandersetzungen zwischen Osmans MC und den Hells Angels zwar Schlägereien und Sachbeschädigungen gegeben, aber es waren (angeblich) noch keine Schüsse abgegeben worden. Mit diesem Angriff auf den Deutschlandpräsidenten des Satudarah MC war nun jedoch eine Grenze überschritten worden. Ali Osman erklärte mir nach seiner Verurteilung, warum er bei unserem ersten Interview, das einige Wochen nach dem Schusswechsel vor dem Satudarah-Clubhaus stattgefunden hatte, nicht die Wahrheit gesagt hatte: Er habe zum einen vermeiden wollen, dass sein Club eine Racheaktion gegen die Schützen startete, die fatale Konsequenzen für alle Beteiligten gehabt hätte. Auch die Niederländer hätten dann Maßnahmen gegen die Hells Angels ergreifen müssen, denn ein Mordanschlag auf einen Member, vor allem auf ein hochrangiges Mitglied, durfte nicht unbeantwortet bleiben. Zum anderen habe er den Hells Angels eine klare Botschaft schicken wollen: Ich habe euch nicht verpfiffen, und wir regeln das untereinander – so will es der Ehrenkodex der MCs. Auf persönliche Rache habe er eigentlich nicht verzichten wollen, doch seine Verhaftung kam ihm dabei in die Quere.

Der Mordanschlag auf den deutschen Satudarah-Präsidenten hatte noch ein weiteres Nachspiel: Ein kurdischstämmiger Bekannter Osmans machte den zwielichtigen Vorschlag, dessen Entführung vorzutäuschen. Die Polizei würde dann sofort die Hells Angels verdächtigen und deren Mitglieder festnehmen. Osmans Bekannter könnte dann die Bordelle und Laufhäuser in Duisburg übernehmen, die den Angels gehörten. Osman sollte einige Zeit in einem sicheren Versteck verbringen und dann wieder auf der Bildfläche erscheinen und die Hells Angels des versuchten Mordes beschuldigen. Die Hells Angels würden im Knast bleiben müssen, Osmans Bekannter würde deren Geschäfte weiterführen und Osman finanziell beteiligen.

Monate nach seiner Verhaftung erfuhr Osman aus den Vernehmungsprotokollen des inzwischen ebenfalls in Gewahrsam genommenen Kurden, was hinter dem Plan gesteckt zu haben schien: Osmans Bekannter war anscheinend von den Hells Angels angeheuert worden und hatte den Auftrag, Osman zu töten. Da es ganz klar gegen den Rocker-Kodex verstößt, Außenstehende in MC-Konflikte hineinzuziehen, sah sich Osman in seiner Entscheidung, sich seinerzeit nicht den Hells Angels angeschlossen zu haben, bestätigt.

Das Attentat auf ihn hatte auch zur Folge, dass Ali Osman mehr Kokain konsumierte denn je. Er ging nicht mehr ohne schusssichere Weste und Handfeuerwaffe aus dem Haus und machte es sich endgültig zur Gewohnheit, nur noch nachts unterwegs zu sein. Dieser Lebenswandel forderte bald körperlichen und seelischen Tribut. Im Oktober 2012 musste Ali Osman wegen einer Überdosis Kokain in ein Duisburger Krankenhaus. Vor Gericht gab er später an, dass ihn sein immer größer werdender Drogenkonsum paranoid gemacht habe.

Der Patchover mit Satudarah hatte nicht den erhofften Frieden gebracht. Selbst mit den mächtigen Holländern im Rücken war der ehemalige Brotherhood Clown Town MC nicht vor Angriffen sicher. Inwiefern dies der eigentliche Plan gewesen war, ist ohnehin fraglich. Man begibt sich bestimmt nicht in die Gesellschaft eines solchen Clubs, wenn man wirklich nur Ruhe und Frieden will – dafür hallt der Ruf des Satudarah MC zu laut in den Medien wider. Die Vermutung, dass hinter dem Übertritt eine andere Absicht steckte, wird auch durch ein Telefonat gestützt, das Ali Osman kurz vor der Patchover-Party mit einem seiner Rockerbrüder führte und das von der Polizei abgehört wurde. In diesem Gespräch brachte Osman zum Ausdruck, dass das Ziel des Patchovers eine Art Racheaktion gegen die Hells Angels gewesen sei.

Mit dem Satudarah MC war ein Mitspieler auf den Plan getreten, der dafür sorgen konnte, dass der Konflikt mit den Hells Angels über die Landesgrenzen hinaus eskalierte. Selbst in seiner Position als Präsident für ganz Deutschland musste Osman die Politik des holländischen Muttervereins berücksichtigen. Hatte Satudarah eigene Pläne für Deutschland? Beinhalteten diese möglicherweise, die Hells Angels aus ihren angestammten Gebieten zu vertreiben und ihre Geschäfte zu übernehmen? Das wäre jedenfalls eine mögliche Interpretation für Osmans Gesinnungswandel und seine Bestrebungen, Satudarah in Deutschland groß zu machen. Mit dem Patchover hatte der Rockerkrieg offenbar eine neue Stufe erreicht.

Doch wer verbarg sich hinter den schwarz-gelben Aufnähern von Satudarah? Das herauszufinden war alles andere als einfach.

KAPITEL 5

IN HOLLAND

Jetzt spricht der Boss der Holland-Rocker:
»Die Hells Angels spielen bald keine Rolle mehr!«

BILD-Schlagzeile vom 5. März 2013

Nachdem ich monatelang in Duisburg Kontakt zu Satudarah Deutschland gesucht hatte, zahlte sich die Mühe schließlich aus. Anfang März 2013 bekamen mein Kamerateam und ich einen Termin mit der obersten Führungsebene des Satudarah-Chapters im niederländischen Tilburg. Ali Osman hatte den Kontakt hergestellt. Ich hatte in den vergangenen Monaten stets die Verbindung zu ihm gesucht und war nicht nur in Duisburg regelmäßig vor Ort gewesen, sondern hatte auch immer wieder mit ihm telefoniert. Die Tatsache, dass wir uns sympathisch waren, dürfte mein Vorhaben, nach Holland zu fahren und mit den dortigen Satudarah-MC-Mitgliedern Interviews zu führen, ebenso begünstigt haben wie meine Bekanntschaft mit Jonas Sandberg. Je klarer das Bild wurde, das ich von den neuen Rockern in Duisburg hatte, desto größer wurde mein Wunsch, auch die Mitglieder in den Niederlanden kennenzulernen – vor allem die Nationals, die dortige chapterübergreifende Führung. Die Nationals bilden eine Art Vorstand, der über allen einzelnen Chaptern steht. Zu diesem Vorstand zählen auch die noch lebenden Gründungsmitglieder des Satudarah MC.

Ich war gespannt und aufgeregt, denn wir waren die ersten deutschen Journalisten, denen ein solcher Besuch gewährt wurde. Angesichts der Tatsache, mit wem wir es zu tun hatten, war ich ziemlich nervös, vor allem aber neugierig. Einerseits war es klasse, dass ich die einmalige Gelegenheit bekam, einen Blick in diese Welt zu werfen, die noch kein deutscher Journalist gesehen hatte. Andererseits fragte ich mich, was mich in Tilburg wohl erwarten würde. Die ganze Fahrt über ging mir die Aussage, dass fünf der zehn meistgesuchten Verbrecher Hollands Satudarah-Mitglieder waren, nicht aus dem Kopf. Angeblich war unter den Männern, die ich treffen sollte, sogar ein Mörder. Dennoch war meine Neugierde natürlich sehr viel größer als meine Angst vor einer möglichen Gefahr. »Wahnsinn«, dachte ich im Auto immer wieder, »ich muss verrückt sein!«

Wir wurden generell freundlich empfangen, auch wenn einige der Männer bei unserer Ankunft böse guckten. Dieses Verhalten waren mein Team und ich schon von unseren Besuchen in Duisburg gewohnt. Osman stellte uns der restlichen Gruppe vor, die aus rund 30 Männern bestand. Das riesige Clubhaus in Tilburg war wie ein Saloon aus einem alten Wildwestfilm eingerichtet. Mir gefielen die holzvertäfelten Wände, die großen Eichenfässer, die zu Stehtischen umgebaut worden waren, und die gedämpfte Beleuchtung. In diesen Räumen ließen sich bestimmt gut rauschende Feste feiern.

Hinter der ausladenden Theke standen einige der neuen holländischen Rockerbrüder von Jansen und Osman. Die Männer waren stark tätowiert, manche von ihnen sogar im Gesicht. Sie spülten Gläser und tischten uns Kuchen mit Sahne auf. Auf mich wirkte das irgendwie absurd. Diese Welt voller dunkler Gestalten, in der ich mich da bewegte, war wirklich seltsam.

Bei meinem Gespräch mit den Nationals legte ich eine gewisse Vorsicht an den Tag – wie bei meinem ersten Interview mit Ali Osman wollte ich es mir nicht gleich mit den Oberbossen verscherzen, indem ich Fragen stellte, die ihnen unangenehm waren. »Wenn die die Saloon-Tür zumachen, ist für uns Medienfuzzis Feierabend«, dachte ich immer wieder.

So weit wollte ich es auf gar keinen Fall kommen lassen. Wir unterhielten uns auf Englisch und in einem Mischmasch aus Deutsch und Holländisch, was sehr gut funktionierte. Die Nationals versicherten mir, dass sie vorhatten, in Deutschland mehrere Chapter zu gründen. Alle Beteiligten betonten immer wieder, dass niemand sie von ihren Expansionsplänen abhalten würde. Diese Information hatte ich schon von Osman und Jansen in Duisburg erhalten. Die Nationals gaben sich reserviert und hielten sich strikt an die Regel, keinem Außenstehenden mehr zu verraten, als man auf der Homepage des Clubs öffentlich nachlesen konnte. Ich hatte mich ohnehin nie der Illusion hingegeben, bei diesem Treffen etwas wirklich Neues zu erfahren.

An der Bar kam ich schließlich mit Christoph Jansen alleine ins Gespräch. Ich begegnete Jansen nun zum zweiten Mal, und obwohl er mir gegenüber alles andere als unfreundlich war, fielen mir die Worte meines Chefredakteurs wieder ein: »Wenn Sie den als Nachbarn haben, sagen Sie ihm bestimmt nicht, dass er diese Woche die Treppe nicht geputzt hat!« Wie bei unserem ersten Treffen trug der große Deutsche eine dunkle Mütze, die er tief in die Stirn gezogen hatte. Wie alle anderen Anwesenden hatte er unter seiner Kutte einen Kapuzenpulli an, auf den ebenfalls der Satudarah-Schriftzug aufgedruckt war. Die Farben Schwarz und Gelb waren omnipräsent. Überraschenderweise drehte sich unser Gespräch nicht um Rockerthemen, sondern um ganz andere Dinge: Jansen erzählte mir von seiner Frau, seinen Hunden und dem Haus mit dem kleinen Garten, in dem er wohnte. Ich traute mich nicht, genauer nachzufragen, wo sich das Haus befand. Während der Unterhaltung empfand ich einen Funken Sympathie für ihn, und für einen Moment vergaß ich, mit wem ich es zu tun hatte. Jansens Geschichte hätte mir auch jeder andere Mensch erzählen können, der noch nie etwas von Satudarah gehört hatte. Gleich würden wir uns an einen Tisch setzen und in schönstem Einvernehmen noch ein Bier trinken.

Kaum war mir dieser Gedanke durch den Kopf geschossen, war der Moment der Vertrautheit auch wieder vorbei. Ich machte mir erneut bewusst, dass die ganze Sache durchaus gefährlich werden konnte und dass es davon abhing, ob den Satudarah-Mitgliedern meine Fragen genehm waren oder nicht, in welchem Zustand wir das Clubheim am Ende des Tages verlassen würden. Doch es ging alles gut. Nach unserer Abfahrt war ich erleichtert. Ich hatte gute O-Töne und klasse Bilder für meinen TV-Beitrag bekommen, war aber dennoch vorsichtig genug gewesen, um niemandes Zorn auf mich zu ziehen – die Gratwanderung war geglückt.

Christoph Jansen interessierte mich. Nach unserem Gespräch in Holland fing ich an, weitere Informationen über ihn zu sammeln. Wirklich fündig wurde ich jedoch erst, nachdem Osman verhaftet worden war. Ich fand heraus, dass Jansen aus dem nordwestlichen Ruhrgebiet stammte. Nach seinem Schulabschluss fing er in einer ortsansässigen Firma eine Lehre an, brach die Ausbildung jedoch ab, weil er sich der Fremdenlegion anschließen wollte. Die Fremdenlegion lehnte Jansens erste Bewerbung ab, weil er noch zu jung war. Als er 18 wurde, nahm ihn die Legion für fünf Jahre auf. Er wurde in Französisch-Guayana ausgebildet und nahm danach an Einsätzen überall auf der Welt teil.

Nach seiner Dienstzeit kehrte er nach Deutschland zurück, konnte aber anscheinend in der Gesellschaft nicht richtig Fuß fassen. Er wurde kriminell: Zu seinen Vergehen zählte Körperverletzung, schwerer Raub mit Erpressung und ein bewaffneter Überfall. Er wurde zu einer längeren Haftstrafe verurteilt, nach knapp der Hälfte aber bereits auf Bewährung entlassen. Anschließend trat Jansen jahrelang strafrechtlich nicht mehr in Erscheinung. Er wurde zwar verdächtigt, bei der Einfuhr von mehreren Kilogramm Kokain beteiligt gewesen zu sein, doch die Ermittler konnten ihm nichts nachweisen und mussten ihn gehen lassen. Er zog nach Duisburg und lernte dort seine zukünftige Ehefrau kennen. Die beiden erwarben ein Reihenhaus in einem ruhigen Vorort und legten sich mehrere Hunde zu – ein Leben, das nach außen hin spießig und langweilig wirkte.

Mitte der 2000er Jahre wurde Christoph Jansen Prospect bei den Bandidos, kurze Zeit später warf ihn der Club jedoch wieder raus – warum ist unklar. Ali Osman deutete mir gegenüber an, dass möglicherweise Jansens Drogenkonsum, der 2011 immer weiter zunahm, bei dieser Entscheidung eine Rolle gespielt hatte. Jansen selbst erzählte später bei seiner Vernehmung als V-Mann, er sei von einem Clubbruder beim Kauf eines Autos geprellt worden.

Anscheinend wollte Jansen aber unbedingt einem Outlaw-MC angehören. Er lernte Bahadir, Osmans damaligen Vizepräsidenten, kennen, und dieser setzte sich für Jansen ein. Osman fasste zu dem großen Deutschen, den er kaum kannte, zwar nie richtig Vertrauen, nahm ihn aber, da sein bester Freund für ihn bürgte, Anfang 2012 in den Brotherhood Clown Town MC auf. »Weil er Deutscher war, war ich skeptisch, wenn er unter uns war«, erzählte mir Ali Osman später in einem Interview. Dass diese Aussage einen leicht rassistischen Beigeschmack hatte, fiel ihm wohl nicht auf – dabei hatte er sich doch dem Satudarah MC angeschlossen, um ein deutliches Statement gegen den Rassismus zu setzen …

Jansens Zugehörigkeit zum Brotherhood Clown Town MC hatte anscheinend eine positive Auswirkung auf seinen Lebenswandel: Er nahm weniger Drogen, machte einen Kurs als Schweißer und begann, Sport zu treiben. Er fuhr Rennrad und trainierte in einer Wing-Chun-Schule – die übrigens auch von Beamten des SEK frequentiert wurde.

Inzwischen war der Konflikt mit den Hells Angels in vollem Gange, und Osman brauchte einen Waffenmeister für seinen MC. Jansens Erfahrungen bei der Fremdenlegion ließen ihn wie gemacht für diesen Posten erscheinen. Jansen kannte sich angeblich mit Schusswaffen aller Art und mit Sprengstoff aus. Außerdem gab der Ex-Legionär an, im bewaffneten Kampf wie im Nahkampf geübt zu sein. Diese Erfahrungen würde Jansen beim Training an die Security-Kräfte des Clubs weitergeben können. In das Aufgabengebiet des Waffenmeisters fiel auch die strategische Planung von Attacken oder Gegenschlägen, und Jansen brachte in dieser Hinsicht augenscheinlich mehr mit, als Osman sich wünschen konnte.

Durch die neu geschaffene Verbindung nach Holland kam Osmans Club nun auch an die Waffen, die er für den Kampf gegen die Hells Angels benötigte. Auf diesem Gebiet, so schien es zunächst, konnte Christoph Jansen richtig »glänzen«. Ali Osman beschrieb Jansen später als »knallharten Typen, eiskalt und skrupellos, der alle Rockerklischees erfüllte«.

Nach Osmans Verhaftung zeigte sich jedoch, dass Jansen wenig auf den ungeschriebenen Kodex der MCs gab. Die vielbeschworene Brüderlichkeit spielte für ihn wohl eine untergeordnete Rolle, denn er hatte offenbar keine Skrupel, seine Club-Brüder zu verraten und die Polizei über die Aktivitäten des Clubs auf dem Laufenden zu halten. Dasselbe galt für einige andere Ex-Brüder Osmans, denn der Rockerboss wurde nicht nur durch Jansens Aussagen zu Fall gebracht.

Vielleicht aber wurde Christoph Jansen, der V-Mann, kriminell, um die Verhaftung Osmans zu ermöglichen? Je länger ich mich mit der Geschichte dieses Clubs und seines Präsidenten befasste, vor allem nach der Verhaftung Osmans und bei seinem Prozess, desto mehr drängte sich mir dieser Verdacht auf.

Gründe

13 (abgekürzt gemäß §267 Abs. 4 StPO)

14 I.

15 1.

16 Der achtunddreißigjährige Angeklagte L wuchs gemeinsam mit seinen älteren Geschwistern - zwei Brüdern und zwei Schwestern - im elterlichen Haushalt in E auf. Sein Vater arbeitete in der Türkei im Bergbau. Nachdem der Vater des Angeklagten Anfang der 1970er Jahre in die Bundesrepublik Deutschland eingewandert war, arbeitete er am Hochofen. Seine Mutter arbeitete in einem Reinigungsunternehmen als Putzfrau. Vor vier Jahren sind die Eltern des Angeklagten zurück in die Türkei gezogen. Im Jahr 2001 oder 2002 heiratete er seine jetzige Ehefrau. Der gemeinsame Sohn wurde bereits im Jahr 1999 geboren. Aus der Ehe gingen zudem noch zwei Töchter hervor.

17 Der Angeklagte L ist altersgemäß eingeschult worden und besuchte vier Jahre die Grundschule. Er wechselte sodann auf eine Hauptschule. Der Angeklagte blieb

2

in den letzten beiden Schuljahren regelmäßig unentschuldigt dem Unterricht fern. Er verließ sodann die Schule - ohne einen Abschluss - lediglich mit einem Abgangszeugnis der achten Klasse. In der Folgezeit absolvierte der Angeklagte einen Lehrgang als Krankenpfleger, den er jedoch nach sechs Monaten mangels Interesse an dem Beruf beendete. Daraufhin begann er einen Lehrgang im Rahmen einer Bürotätigkeit, den der Angeklagte bereits nach einem Monat ebenfalls abbrach, da die Bürotätigkeit ihm nicht zusagte. Sodann ging er zunächst keiner geregelten Tätigkeit mehr nach bis er einen Schweißer-Lehrgang begann, den er auch erfolgreich abschloss. Aus privaten Gründen - wegen Montagearbeiten hätte er längere Zeit von seiner Ehefrau getrennt leben müssen - übte der Angeklagte jedoch die Tätigkeit des Schweißers nicht aus. Stattdessen arbeitete er für circa ein Jahr als Kurierfahrer eines Paketdienstes. In der Folgezeit ging der Angeklagte für circa zwei bis drei Jahre einer Tätigkeit in einer Großbäckerei nach. Daraufhin arbeitete er zwei Jahre lang als Lagerhelfer. Vor circa sieben oder acht Jahren machte sich der Angeklagte dann in der Logistikbranche selbstständig. Insbesondere für zwei Großkunden organisierte er die Lagerung und den Transport diverser Güter. In dieser Zeit erzielte der Angeklagte ein Nettoeinkommen von 4.500 bis 5.000 monatlich. Unter anderem aufgrund einer Erkrankung seines Sohnes übertrug er sein Geschäft vor zweieinhalb bis drei Jahren auf eine seiner Schwestern. Seit diesem Zeitpunkt ging der Angeklagte keiner geregelten Tätigkeit mehr nach. Nur gelegentlich half er seiner Schwester in dem auf sie übertragenen Unternehmen aus, wofür der Angeklagte circa 400 bis 500 monatlich erhielt. Er hat keine Schulden.

18 Bei dem Angeklagten L liegen eine Cannabis- (ICD 10: F 12.21) und Kokainabhängigkeit (ICD 10: F 14.21) vor.

19 Im Alter von sechzehn oder siebzehn Jahren begann der Angeklagte mit dem regelmäßigen Konsum von Haschisch und Marihuana. Er steigerte seinen Konsum bis zu seiner Inhaftierung in dem vorliegenden Verfahren kontinuierlich. Als der Angeklagte seinen Haschisch- und Marihuanakonsum begann, fühlte er sich unter der Wirkung dieser Betäubungsmittel träge und lustlos. Nach fortwährender Gewöhnung an den regelmäßigen Haschisch- und Marihuanakonsum ließen diese Wirkungsweisen der Betäubungsmittel aber nach. Im Alter von achtzehn oder neunzehn Jahren konsumierte der Angeklagte an jedem Wochenende, bevor er mit seinen Freunden Diskotheken aufsuchte, Ecstasy. Nach zwei Jahren stellte er den Konsum von Ecstasy wieder ein. Im Alter von zweiundzwanzig oder dreiundzwanzig Jahren begann der Angeklagte zusätzlich mit dem regelmäßigen Konsum von Kokain, welches er durch die Nase "zog". Der Angeklagte nahm das Kokain zuerst nur an den Wochenende zu sich. Unter der Wirkung des Kokains fühlte er sich wach und agil. Im Laufe der Zeit nahm der Angeklagte dann Kokain auch unter der Woche zu sich. In den letzten drei Jahren bis zu seiner Inhaftierung in dem vorliegenden Verfahren nahm der Angeklagte 60 bis 70 Gramm Kokain im Monat zu sich. Sein Hungergefühl und sein Schlafbedürfnis ließen nach. In den Phasen, in denen der Angeklagte an ein oder zwei aufeinander folgenden Tagen kein Kokain konsumierte, schlief er sodann

3

zwölf oder dreizehn Stunden am Stück. Gelegentlich litt er nach dem Konsum von Kokain auch unter paranoiden Störungen; in diesen Fällen fühlte sich der Angeklagte - zumeist zu Unrecht - verfolgt und er nahm Bilder oder Gesichter verzehrt wahr. Schließlich setzte bei dem Angeklagten sporadisch das Gefühl ein, dass Ameisen auf seiner Haut oder unter seiner Haut seien. Um von der Wirkung des Kokains wieder "herunterzukommen", rauchte er mitunter bis zu vier oder fünf "Joints" Marihuana. Im Oktober 2012 befand er sich wegen einer Überdosis Kokain im Johanniter-Krankenhaus in E. Aufgrund seiner derzeitigen Drogenabstinenz litt der Angeklagte zu Beginn seiner Inhaftierung in dem vorliegenden Verfahren unter Durchschlafstörungen. Er hat bislang keine therapeutischen Hilfen in Anspruch genommen.

20 Alkohol trinkt er dagegen nicht. Schwere Unfälle, insbesondere solche mit neurologisch messbaren Folgen, hat der Angeklagte nicht erlitten.

21 Der Angeklagte L ist bisher wie folgt strafrechtlich in Erscheinung getreten:

22 Am 15. Juli 2008, rechtskräftig seit dem 2. August 2008, verurteilte ihn das Amtsgericht Geldern (16 Cs - 102 Js 322/08 - 487/08) wegen unerlaubter Einfuhr von Betäubungsmitteln (Datum der Tat: 5. Februar 2008) zu einer Geldstrafe von 10 Tagessätzen zu je 20,00 Euro.

23 Am 22. Juli 2008, rechtskräftig seit dem 9. August 2008, verurteilte ihn das Amtsgericht Geldern (16 Cs - 102 Js 318/08 - 526/08) wegen unerlaubter Einfuhr von Betäubungsmitteln (Datum der Tat: 23. Januar 2008) zu einer Geldstrafe von 15 Tagessätzen zu je 20,00 Euro.

24 Am 19. November 2008, rechtskräftig seit dem 2. Dezember 2008, bildete das Amtsgericht Geldern (16 Cs - 102 Js 318/08 - 526/08) aus den zuvor genannten Geldstrafen nachträglich eine Gesamtgeldstrafe von 20 Tagessätzen zu je 20,00 Euro.

25 Am 13. Mai 2011, rechtskräftig seit dem 26. Mai 2011, verurteilte ihn das Amtsgericht Duisburg (44 Cs - 173 Js 64/11 - 206/11) wegen Urkundenfälschung (Datum der Tat: 27. April 2010) zu einer Geldstrafe von 40 Tagessätzen zu je 30,00 Euro.

KAPITEL 6

ALI OSMAN WIRD VERHAFTET

Was den Club angeht, okay, ob ich will oder nicht, dafür bin ich verantwortlich. Aber wenn die Mitglieder hinterher ihre Kutte ausziehen, in ihre Viertel fahren und da irgendwelche Scheiße machen, was habe ich denn damit zu tun?

Ali Osman

In den frühen Morgenstunden des 9. April 2013 stürmten Beamte des SEK in einem ruhigen Wohnviertel Rheinhausens das Haus, in dem Ali Osman wohnte. Sie sprengten die Tür und warfen eine Blendgranate ins Wohnzimmer, wo Osman auf dem Sofa lag – seine Walther P99 griffbereit neben ihm. Die Beamten hatten sich akribisch auf diesen Einsatz vorbereitet, denn sie hatten von ihrem V-Mann erfahren, dass Osman im Besitz einer Kalaschnikow und der entsprechenden Munition war. Mit diesem Sturmgewehr kann man schusssichere Westen mühelos durchschlagen. Es war also höchste Vorsicht geboten.

Als der Krieg mit den Hells Angels immer weiter eskalierte, hatte Osman dafür gesorgt, dass seine Frau und seine Kinder auch weiterhin nicht bei ihm im Haus wohnten. Er hatte Sorge, dass seine Feinde ihm eines Tages einen Hausbesuch abstatten würden – Osman war in Rheinhausen bekannt, und in der Szene wussten viele, wo er wohnte – und wollte seine Familie außer Gefahr bringen. Da er mit einem Überfall rechnete, hatte er das Haus mit Sicherheitskameras ausgestattet und auf jeder Etage mindestens eine Schusswaffe sowie eine schusssichere Weste deponiert. Die Beamten des SEK drangen allerdings so schnell in Osmans Haus ein, dass er seine Walther glücklicherweise nicht mehr ziehen konnte.

Ausgerechnet an diesem Abend waren jedoch auch Osmans Frau und seine Kinder im Haus. Auch diese mussten sich auf den Boden knien oder legen, und die Beamten gingen nicht zimperlich mit ihnen um. Angeblich erlitt Osmans Sohn, der zu diesem Zeitpunkt bereits krank war, bei der Verhaftung eine Platzwunde am Kopf. »Es hat mich eigentlich schwer getroffen, dass die Polizei sich ausgerechnet diesen Abend ausgesucht hat«, erzählte mir Osman später. Die Anwesenheit seiner Familie im Haus sei etwas Besonderes gewesen, und eigentlich hatte man einen gemütlichen und entspannten Abend verbracht, bis die Polizei angerückt war.

Wenige Minuten nachdem die Beamten ins Haus eingedrungen waren, fand sich Osman in Handschellen auf dem Boden wieder und ihm wurde der Haftbefehl vorgelesen. Ihm wurden die illegale Einfuhr von und der unerlaubte Handel mit Betäubungsmitteln in nicht geringer Menge, Verstöße gegen das Kriegswaffenkontrollgesetz sowie unerlaubter Waffenbesitz zur Last gelegt. Die Polizisten durchsuchten Osmans Haus und fanden in der Garage eine Kalaschnikow und über 1 000 Schuss Munition. Außerdem beschlagnahmten sie einen Plastikbeutel mit weißem Pulver, von dem sie zunächst annahmen, es sei Kokain. Später stellte sich jedoch heraus, dass es sich um Waschpulver handelte – mit Lavendelduft. Darüber hinaus stellten die Polizisten etwas über drei Gramm Haschisch, die schusssicheren Westen, Nachtsichtgeräte, mehrere Handys, eine Festplatte und diverse Dokumente sicher.

Osman wurde zur Polizeihauptwache in Duisburg gebracht und erkennungsdienstlich erfasst. Man fotografierte ihn, auch seine Tätowierungen, und nahm Abdrücke aller zehn Finger. Schon am nächsten Tag wurde er dem Haftrichter vorgeführt. Anschließend wurde er zur Untersuchungshaft in den verschärft gesicherten Haftbereich der JVA Ratingen gebracht. Dort saß er zehn Monate bis zum Prozessbeginn im Januar 2014 ein.

Die Polizei war bereits Anfang 2012 auf Ali Osman aufmerksam geworden, also noch zu Zeiten des Brotherhood Clown Town MC. Der spätere Vizepräsident des Duisburger Satudarah-Chapters, ebenfalls ein Freund Osmans, hatte im Verdacht gestanden, regelmäßig größere Mengen an Drogen, vor allem Gras, Kokain und Speed, aus Holland einzuführen. Die Hinweise darauf waren von einer V-Person gekommen. Die Ermittler überwachten die Telefone des späteren Vizepräsidenten und observierten ihn. Schnell stellten sie fest, dass es sich bei dem Mann um ein Mitglied eines bisher unauffälligen Motorradclubs handelte.

Die Polizei ging sofort davon aus, dass Ali Osman als Präsident des Brotherhood Clown Town MC von den Drogendeals wusste und dass sein Club von den illegalen Geschäften profitierte. Man konnte ihm dies nicht nachweisen, aber die Überwachungsprotokolle wiesen darauf hin: Der spätere Vize erwähnte am Telefon und in SMS immer wieder den Namen Yildiray. Die Beamten schlussfolgerten, dass es sich um Yildiray Kaymaz, alias Ali Osman, handeln müsse. Der Brotherhood Clown Town MC war also wohl doch nicht ganz so unbescholten, wie Osman immer wieder betonte.

Im Gefängnis erzählte mir Ali Osman, dass er natürlich gewusst habe, dass einzelne Mitglieder des Brotherhood Clown Town MC (und später auch des Satudarah MC) mit Drogen handelten. Er selbst habe sich aber in diese Geschichten nicht eingemischt, und auch der Club habe damit nichts zu tun gehabt. Was die einzelnen Mitglieder seines MCs geschäftlich trieben, sei ihm egal gewesen.

Es fällt mir schwer, das zu glauben, auch wenn bei Osmans Verhaftung im Haus nur wenige und auf dem Grundstück keine Drogen gefunden wurden und Osman immer wieder betonte, dass er keinen unerlaubten Handel mit Betäubungsmitteln betrieben habe. Vergessen wir nicht, dass Osman im Juni 2011 seine eigene Firma aufgegeben hatte, um sich ganz der Auseinandersetzung mit den Hells Angels zu widmen, sich aber dennoch ein hübsches Haus in einer guten Gegend, ein Motorrad und dicke Autos leisten konnte und auch sonst offensichtlich nicht auf kleinem Fuß lebte. Auch seinen in dieser Zeit immer weiter ansteigenden Kokain- und Cannabiskonsum musste er irgendwie finanzieren. Möglicherweise wurde er von seinen Eltern, die wohlhabend sind, finanziell unterstützt. Doch Osman war ab 2008 regelmäßig nach Holland gefahren und hatte Drogen über die Grenze gebracht, allerdings immer nur in kleinen Mengen, die offenbar zum Eigenkonsum bestimmt waren. Er hatte also bereits eine gewisse Erfahrung bei der unerlaubten Einfuhr von Betäubungsmitteln. Hat Ali Osman nach seinem Rückzug aus seiner Logistikfirma Geld mit dem Handel von Betäubungsmitteln verdient? Meiner Meinung nach spricht einiges dafür, zumal er mit den holländischen Satudarah-Mitgliedern stabile Zulieferer gehabt hätte. Sicher, als Deutschland-Präsident eines großen Motorradclubs wird er sich nicht selbst auf die Straße gestellt und Kokain vertickt haben – insofern glaube ich ihm sogar, wenn er sagt, er habe nicht mit Drogen gehandelt. Aber das muss nicht zwangsweise bedeuten, dass er nicht von solchen Geschäften profitierte.

Der V-Mann bestätigte diese Vermutung später in seiner Aussage. Spätestens nach dem offiziellen Patchover und der

Cluberöffnung im Juni gelangten seinen Angaben zufolge regelmäßig größere Mengen Haschisch über Satudarah Holland nach Deutschland. Aus dem Protokoll einer Vernehmung des V-Mannes am 21. Juni 2012 geht hervor, dass rund 100 Kilogramm pro Woche aus Holland gekommen sein sollen, die dann in Duisburg und Umgebung verkauft wurden. Das Verteilen übernahm der MC-Präsident sicherlich nicht persönlich. Wie in jeder hierarchisch strukturierten Organisation werden in einem Motorradclub solche Aufgaben an die Untergebenen delegiert. Vermutlich also waren für den Verkauf der Drogen die Prospects oder andere rangniedere Mitglieder zuständig. Dass in Ali Osmans Haus keine Drogen gefunden wurden, bedeutet also nicht, dass Osman und sein Club aus diesem Geschäft keinen Profit schlugen.

In den Ermittlungsakten finden sich jedenfalls zahllose Hinweise auf Drogengeschäfte, die vielleicht nicht immer zustande kamen, vielleicht aber auch nicht zweifelsfrei nachzuweisen sind. Aus der Telekommunikationsüberwachung geht beispielsweise hervor, dass sich im Oktober 2012 ein gewisser »Onkel Kamil« an Ali Osman wandte. Er wollte wissen, ob es Osman möglich wäre, 25 Kilogramm Haschisch zu vertreiben. Osman sagte diesem Mann zwar nicht zu, lehnte sein Angebot allerdings auch nicht ab. Ob dieses Geschäft zustande kam, ist unklar. Ali Osman hatte allen Grund, bei seinen Telefongesprächen vorsichtig zu sein, denn wie sich später herausstellte, wusste er aus sicherer Quelle, dass die Polizei ihn im Visier hatte.

Andere Drogengeschäfte sind sehr viel besser belegt. Osman soll beispielsweise am 15. Mai 2012 an einer Fahrt nach

Holland beteiligt gewesen sein, bei der ein Kurier in seinem Auftrag 800 Gramm Kokain und 10 Kilo Marihuana nach Deutschland brachte. Die Drogen stammten von einem Mitglied des holländischen Satudarah MC. Sie wurden später in Deutschland von mehreren Dealern verkauft, die Osman offenbar an ihrem Gewinn beteiligten. Knapp einen Monat später ging man in einem anderen Fall ganz ähnlich vor. Wieder einen Monat später, am 18. November 2012, wurden offenbar drei Kilo Amphetamin (Speed) eingeführt. An dieser Fahrt scheint Osman nicht direkt beteiligt gewesen zu sein, aber er lieh einem der Fahrer sein Auto. Dass Osman wusste, was der Mann vorhatte, geht aus der Telefonüberwachung hervor. In den Augen der Polizei machte er sich damit der Beihilfe zur unerlaubten Einfuhr von Betäubungsmitteln in nicht geringer Menge schuldig.

Zu den Drogen kamen schnell auch Waffen – angesichts des Kriegs mit den Hells Angels eigentlich kein Wunder. Aus der Telefonüberwachung wussten die Polizisten bereits seit Anfang 2012, dass Osman mindestens eine Schusswaffe besaß.

Am 21. Februar 2013 erhielt Ali Osman allem Anschein nach mehrere Schusswaffen sowie einige Handgranaten, die er bei den niederländischen Satudarah bestellt hatte. Osman und die anderen Duisburger Satudarah-Mitglieder wurden observiert und dabei bei einem Treffen an einer Tankstelle beobachtet. Die Männer brachen gemeinsam nach Holland auf, um eine Kalaschnikow abzuholen. Die Waffe wurde jedoch nicht von Osman selbst zurück über die Grenze nach Deutschland gebracht, sondern von zwei anderen Satudarah-Mitgliedern. Es hieß, Osman sei in einem zweiten Fahrzeug vorausgefahren, um die Transportstrecke abzusichern. Später meldeten die beiden Kurierfahrer per SMS, dass alles glatt gelaufen sei. Da man Osman allerdings nichts nachweisen konnte, spielte diese Tat später vor Gericht keine Rolle.

Knapp einen Monat später, am 15. März 2013, fand eine ähnliche Fahrt nach Holland statt. Auch diesmal wurde eine Kalaschnikow eingeführt. In Duisburg wartete jedoch bereits das SEK auf die beiden Kurierfahrer. Diese hatten sich per SMS bei Osman erkundigt, ob sie zum alten oder zum neuen Satudarah-Clubhaus in Tilburg fahren sollten, und Osman hatte ihnen ebenfalls per Kurznachricht geantwortet, dass sie zum neuen Haus müssten. Osman wusste also von der geplanten Fahrt, und es ist sehr wahrscheinlich, dass er auch ganz genau wusste, worum es bei diesem Treffen ging, und dass er es initiiert hatte. Dieser Ansicht waren zumindest die Ermittler.

In der Nacht vom 19. auf den 20. August 2012 explodierte eine Handgranate vor dem Clubheim der Hells Angels in Duisburg. Mit einer Granate desselben Typs war einige Zeit zuvor bereits ein Anschlag auf das Haus eines Hooligans verübt worden. Wenige Tage später, am 23. August 2012, ging nachts eine Granate – wieder desselben Typs – in einem Wettbüro der Hells Angels hoch. Die Polizei vermutete in beiden Fällen, dass es sich um Racheaktionen der Satudarahs gehandelt haben könnte. Dieser Verdacht konnte bisher nicht bestätigt werden, doch wenn man die Art und Weise, wie die MCs gegeneinander Krieg führen, kennt, ist es wahrscheinlich, dass die Ermittler Recht hatten. Racheaktionen sind Teil der Spirale aus Gewalt, die sich so lange fortsetzt, bis einer der beiden Clubs so geschwächt ist, dass er nicht mehr zu einem Gegenschlag in der Lage ist.

Vielleicht hätten einige Monate später auch in Krefeld Schusswaffen zum Einsatz kommen sollen. Nachdem Satudarah dort Ende 2012 ein Chapter gegründet hatte, war dessen Präsident umgehend von einigen Hells Angels bedroht worden. Einen Tag später, am 27. November 2012, hatten die Rot-Weißen Anlass zu feiern: Ein ganzes Chapter der Bandidos war geschlossen zu ihnen übergelaufen. Polizeibeamte beobachteten, dass ein Satudarah-Mitglied das Angels-Clubheim in Krefeld observierte, und kurz darauf verschickte Osman von seinem Mobiltelefon aus mehrere SMS an seine Brüder, in denen er um ein Treffen bat. Da die Polizisten vermuteten, dass die Satudarah-Mitglieder vorhaben könnten, die Feier der Angels zu »stören«, verschärften sie die Kontrollen auf den Straßen und hielten auch Ali Osman auf. Die Polizei fand Pfefferspray und einen Schlagring in Osmans Auto. Bei anderen Satudarah-Mitgliedern wurden auch Pistolen entdeckt, einige Member wurden festgenommen.

Es schien, als wollte der Satudarah MC seinem Gegner überdeutlich zeigen, wer mehr Feuerkraft hatte und deswegen gewinnen würde. Am 18. Februar 2013 wurden Schüsse auf einen Kiosk abgefeuert, dessen Besitzer den Hells Angels zugewandt war. Der Schütze war, wie später bewiesen werden konnte, ein Mitglied des deutschen Satudarah MC, und Ali Osman gilt als Organisator dieser Aktion. Da der Angriff gegen vier Uhr morgens durchgeführt wurde, als der Kiosk leer stand, wurde niemand verletzt. Es stellte sich heraus, dass die Česká Škorpion 61, mit der geschossen worden war, wenige Wochen zuvor aus Holland nach Deutschland gebracht worden war. Diese Maschinenpistole sollte später dafür sorgen, dass die Liste der Anklagepunkte gegen Ali Osman noch erweitert wurde.

Wann genau Ali Osman die Kalaschnikow, die beim Zugriff des SEK in seiner Garage gefunden wurde, und die dazugehörige Munition bekam, ist unklar. Den Ermittlern gegenüber erklärte Osman zunächst, dass es sich um eine Attrappe handelte, die von seinem Vater vor Jahren auf einem Flohmarkt gekauft worden war. Schnell fand man jedoch heraus, dass es sich um eine echte Kalaschnikow handelte. Erst später gab Ali Osman mir gegenüber zu, dass er diese Waffe besessen hatte, um sich gegen die Hells Angels verteidigen zu können – auch wenn er in einem früheren Interview noch betont hatte, dass er ein Sturmgewehr nicht nötig gehabt hätte.

Die Anschuldigungen, die gegen Ali Osman erhoben wurden, wogen schwer: Handel mit Drogen, unerlaubter Besitz von Schusswaffen, Verstöße gegen das Kriegswaffenkontrollgesetz. Die Polizei besaß Protokolle der Telefongespräche von Ali Osman und einigen anderen Satudarah-MC-Mitgliedern sowie deren SMS. Sie hatte die Daten der GPS-Sender, die an den Privatfahrzeugen einiger Mitglieder, darunter auch an Ali Osmans BMW X5, angebracht waren, ausgewertet. Zusammen mit den Berichten des V-Mannes ergaben diese Quellen ein detailliertes Bild von den einzelnen Drogen- und Waffenschmuggelfahrten nach Holland, bei denen in der Regel nach demselben Muster vorgegangen worden war: Man fuhr mit mindestens zwei Autos über die Grenze und traf sich in einem Satudarah-Clubhaus – oft in dem Clubhaus in Tilburg, das auch ich besucht hatte – mit den niederländischen Brüdern. Nachdem man die Waffen oder Drogen in eines der beiden Fahrzeuge geladen hatte, ging es zurück nach Deutschland. Die Wagen, mit denen die Waffen oder Drogen transportiert wurden, fuhren meist Prospects oder normale Member. Osman und andere Mitglieder der Führungsebene fuhren mit einem zweiten Wagen voraus, um die Strecke abzusichern. Dabei hielt man über Handy Kontakt.

Die aus der Telekommunikationsüberwachung und der GPS-Ortung gewonnenen Daten reichten jedoch bei Weitem nicht aus, um Osman verurteilen zu können. Dazu musste Osman ein Geständnis ablegen oder man musste Zeugen finden, die ihn belasteten. Für Ersteres sahen Ali Osman und seine Anwälte keinen Grund. Osman war, wie gesagt, am Telefon stets vorsichtig gewesen und hatte nie direkt über Waffen oder Drogen gesprochen. Die Ermittler unterstellten ihm, dass er einen Code benutzt hatte, um über diese Geschäfte zu reden. Osman bestreitet das bis heute, aber die Vermutung der Beamten scheint nicht ganz aus der Luft gegriffen zu sein – Osman hatte aus einer sicheren Quelle längst erfahren, dass er überwacht wurde. Jansen bestätigte in seiner Aussage, dass in den »Geschäftsgesprächen« stets Formulierungen gewählt wurden, die den Anschein gaben, man unterhalte sich über ganz harmlose Dinge – ein kaputtes Motorrad beispielsweise, das repariert werden sollte.

Außer unerlaubtem Waffenbesitz konnten die Ermittler also zunächst nichts Handfestes gegen Osman vorbringen. Daraus konnte lediglich eine Haftstrafe auf Bewährung oder sogar nur eine Geldstrafe resultieren. Die Einfuhr von Drogen und Kriegswaffen war Osman nicht zweifelsfrei nachzuweisen. Osman hatte also keinen Grund, sich selbst zu belasten. Zeugen zu finden, die bereit waren, gegen Osman auszusagen, schien ebenfalls unmöglich zu sein: Die Polizei suchte fünfeinhalb Monate lang und lud zahlreiche Personen vor, doch keiner sagte auch nur ein Wort. Osmans Anwälte rieten ihrem Mandanten daher, die ganze Sache auszusitzen.

Dieser Plan schien zunächst aufzugehen, denn den Ermittlern drohte die Zeit davonzulaufen: Ali Osman saß seit einem knappen halben Jahr in Untersuchungshaft in einem Hochsicherheitstrakt der JVA Düsseldorf in Ratingen, ohne dass ausreichend Beweise für eine umfassende Anklage erbracht worden waren. Die Ermittlungen drohten zum Stillstand zu kommen, weil weder Zeugen gefunden noch neue Beweise erbracht werden konnten.

Einer der Anwälte von Ali Osman schickte eine Haftbeschwerde an das zuständige Oberlandesgericht in Düsseldorf und an die Staatsanwaltschaft in Duisburg. Es blieben nur noch zwei Wochen, dann würde der Haftbefehl enden. Ali Osman würde wieder ein freier Mann sein und zwei Jahre Ermittlungsarbeit der Polizei wären umsonst gewesen. Die Duisburger Staatsanwaltschaft musste schnell etwas unternehmen, damit ihr die Felle nicht davonschwammen.

PP Duisburg
DirK/KK 21
- EK Sia -
501000-014988-12/5
122 Js 17/12 StA Duisburg

Duisburg, 27.03.2013

1283

Seite -1-

FALLAKTE 044

1. FALLDATEN:	
Tat :	Einfuhr von Kriegswaffen in das Bundesgebiet sowie Beförderung von Kriegswaffen durch das Bundesgebiet ohne Genehmigung gem. § 22a Abs. 1 Nr. 3, 4 KriegswaffenKontrollG
Tatort :	Tilburg - Duisburg
Tatzeit :	15.03.2013

2. TATBETEILIGTE PERSONEN:

2.1 Beschuldigte

(Fahrer) PB: s. Bl. 269 d. HA	* serbisch	Duisburg
(Beifahrer) PB: s. Bl. 665 d. HA	* kosovarisch	Duisburg
Yildiray KAYMAZ (Organisator) PB: s. Bl. 276 d. HA	* deutsch	Duisburg

2.2 Geschädigte / Zeugen

Allgemeinheit		

PP Duisburg
DirK/KK 21
- EK Sia -
501000-014988-12/5
122 Js 17/12 StA Duisburg

Duisburg, 27.03.2013

1284

Seite -2-

3. SACHVERHALT:

Das Verfahren 122 Js 17/12 (EK Sia) wurde im Februar 2012 zunächst gegen [geschwärzt] und schließlich auch gegen Yildiray KAYMAZ eingeleitet. Nach VP-Hinweisen bestand der Verdacht, dass durch die Beschuldigten mehrere Kilogramm Speed und Marihuana in die BRD eingeführt und im Bereich Duisburg verkauft werden.

Anhand von Telefonüberwachungen konnte festgestellt werden, dass beide Personen in führenden Positionen einer Rockergruppierung zugehörig sind. Hierbei handelte es sich zunächst um den MC Brotherhood, der sich Anfang Juni dem MC Satudarah Maluku aus den Niederlanden anschloss. Mitglieder des MC sind bereits mehrfach wegen Verstößen gegen das WaffG aufgefallen.

3.1.
Am 15.03.2013 kommt es zu der Einfuhr (ohne Genehmigung) von:

-1- vollautomatischen Sturmgewehr AK 47, TH 04231994, Kalaschnikow
-2 - gefüllten Magazinen
-1 - grüner Metallkiste mit Munition, Kaliber 7,62 mm X 39 mm,
ca. 20 KG schwer, ca. 1130 Schuss Munition, passend zur o.g. Sturmgewehr

PP Duisburg
DirK/KK 21
- EK Sia -
501000-014988-12/5
122 Js 17/12 StA Duisburg

Duisburg, 27.03.2013

1285

Seite -3-

aus den Niederlanden nach Deutschland durch die Beschuldigten [geschwärzt] und [geschwärzt] die auf Weisung und nach Organisation von KAYMAZ gehandelt haben dürften.

[geschwärzt] erfragte in den frühen Morgenstunden des 15.03.2013 bei Yildiray KAYMAZ per Textnachricht, ob er zu dem alten oder neuen Club bei Tilburg zu fahren habe. [1] KAYMAZ bestätigte gegen 11.40 Uhr per SMS mit „Neu" [2], so dass [geschwärzt] klar ist, dass er sich zum neuen Clubheim des Satudarah MC Maluku/NL in Tilburg begeben soll.

Hier wird deutlich, dass die Anweisung von KAYMAZ für die anschließende Fahrt und Einfuhr einer Kriegswaffe sowie Munition ursächlich ist. Dies entspricht auch der hierarchischen Stellung genannter Personen im Satudarah MC Duisburg, wo KAYMAZ den President, also das höchste Amt innehat, [geschwärzt] lediglich Prospect ist, also ein Anwärter auf Mitgliedschaft. [geschwärzt]

[1] Yildiray_397: 15.03.2013, 09:57 Uhr, s. Bl. 6629 SH TKÜ Pr.
[2] Yildiray_397: 15.03.2013, 11:40 Uhr, s. Bl. 6630 SH TKÜ Pr.

KAPITEL 7

DER FALSCHE ROCKER

[Jansens] Beteiligung an der Schmuggelfahrt vom 21.2.2013 ergibt sich aus Fallakte 43.

Aus den Ermittlungsakten

Angesichts des Zeitdrucks entschloss sich die Staatsanwaltschaft zu einem Schritt, den sie ansonsten vielleicht nicht unternommen hätte: Sie ließ den V-Mann Christoph Jansen gegen Ali Osman aussagen. Da Jansen somit als Spitzel enttarnt und bei den Satudarah-MC-Mitgliedern »out in bad standing« sein würde, war anzunehmen, dass ihm seine Ex-Brüder nach dem Leben trachten würden. Er wurde sofort ins Zeugenschutzprogramm genommen.

Warum hatte die Staatsanwaltschaft fast ein halbes Jahr verstreichen lassen, ehe sie ihr schwerstes Geschütz gegen den Rockerboss auffuhr? Ali Osman vermutete, dass die Polizei Jansen eigentlich weiterhin als Spitzel beim Satudarah MC arbeiten lassen wollte, um über ihn auch an die Nationals in Holland heranzukommen. Zu denen hatte Jansen verstärkt Kontakt gesucht, seit Osman in Untersuchungshaft war, und war mit einigen Nationals nach Brasilien und Portugal gefahren. Als sie jedoch mit den Ermittlungen gegen Osman nicht weiterkamen, entschieden die Ermittlungsbehörden sich gegen diesen Plan und für eine Aussage. Ob der ursprüngliche Plan aufgegangen wäre? Möglicherweise. Osman hatte über Kanäle, die er mir gegenüber nicht offenlegen wollte, den Satudarah-MC-Mitgliedern in Holland aus dem Gefängnis heraus eine Warnung zukommen lassen, nachdem er erfahren hatte, wer der Spitzel in seinem Club war. Doch die Holländer hätten ihm nicht geglaubt, weil Osman keine Beweise für seine Behauptung vorlegen konnte. Sie ignorierten seine Warnung und nahmen Jansen nicht ins Visier. Stattdessen entschlossen sie sich dazu, Ali Osman fallenzulassen.

Normalerweise kümmern sich die großen MCs um ihre Mitglieder, wenn diese im Gefängnis sind – vor allem, wenn sie wegen Clubsachen einsitzen müssen. Der Club passt nicht nur auf die Familien auf und sichert diese finanziell ab, sondern bezahlt beispielsweise auch die Anwaltskosten. »Doch in meinem Fall passierte das nicht. Satudarah ignorierte mich und tat so, als wenn ich nie dazugehört hätte. Dabei hatte der Club mir viel zu verdanken. Ohne mich hätte niemand den Namen Satudarah in Deutschland gekannt. Ich hatte das erste deutsche Chapter gegründet und war der Präsident von Satudarah Deutschland. Ich hatte alles für den Club gemacht, der mich jetzt so im Stich ließ. Ich saß jetzt sogar im Knast wegen dem Club, der jetzt so tat, als würde es mich gar nicht geben«, lautete Osmans Reaktion auf die Ablehnung seitens der Männer, die er bisher als seine Brüder bezeichnet hatte. »Das also war die vielbeschworene Bruderschaft? Das war ›ein Blut‹?«

Ich kann nicht mit Sicherheit sagen, ob Osmans Vermutung in Bezug auf Christoph Jansen und die Rolle, die ihm ursprünglich zugedacht war, stimmt oder nicht. Aber mir erscheint Osmans Erklärung durchaus plausibel. Die Absicht, Jansen als Spitzel zu behalten, könnte einer der Gründe gewesen sein, warum man so lange damit wartete, seine Aussagen gegen Osman zu verwenden. Aber ging es wirklich nur darum, Jansens Deckung möglichst lange aufrechtzuerhalten? Oder gab es noch ganz andere Gründe, diesen »Joker« erst zu spielen, als sich keine Alternative mehr bot?

Jansens Aussage setzte eine Kettenreaktion in Gang. Zwei weitere Member sagten gegen Osman und den Vizepräsidenten des Clubs aus, unter ihnen ein weiteres Mitglied der Duisburger Führungsebene. Dieser Mann saß bereits in Untersuchungshaft, weil er bei der Einfuhr der Kalaschnikow am 14. März 2013 erwischt worden war. Er behauptete, dass Osman ihm eine Škorpion, die die Polizei in seiner Wohnung gefunden hatte, zur Aufbewahrung gegeben habe. Osman bestritt diesen Sachverhalt mir gegenüber. Die Polizei glaubte Osmans Ex-Bruder, denn, so die Argumentation der Ermittler, Osman war schließlich Präsident des MC, hatte die entsprechenden Befehle gegeben und trug daher die Verantwortung. Das zweite Satudarah-Mitglied gab in seiner Aussage Informationen über die internen Club-Strukturen preis und erklärte der Polizei, wie Osman die gekauften Drogen weiterverkaufen ließ.

Ali Osman bezeichnete beide Aussagen mir gegenüber als Lügen, die darauf abzielten, ihn als allmächtigen Präsidenten und seine Ex-Brüder als simple Befehlsempfänger darzustellen. Diese Taktik ging auf. Es muss eine bittere Zeit für Ali Osman gewesen sein. Die Männer, die er einst als seine Brüder bezeichnet hatte, waren bereit, ihn zu verraten, um einen Deal mit der Staatsanwaltschaft auszuhandeln und damit die Haftstrafen, die ihnen drohten, zu verkürzen. Die Brüder in Holland weigerten sich, ihm zu helfen. Mit dem Zusammenhalt schien es also beim Satudarah MC nicht weit her zu sein. Auch im Club ging es wohl nur um eines: das Geschäft. In diesem Fall schien den Männern ein Schulterschluss mit der Staatsanwaltschaft wohl das beste Geschäft zu sein: Indem sie die Menschen, die sie vorher als »Brüder« erachteten, eiskalt verrieten, konnten sie ihre eigene Haut retten.

Jedenfalls lieferte Jansen den Ermittlungsbehörden das, wonach sie fast ein halbes Jahr lang verzweifelt gesucht hatten: Zeugenaussagen gegen Ali Osman. Osmans Haftbeschwerde war damit hinfällig, der Haftbefehl wurde entsprechend geändert. Die Ermittlungen kamen wieder ins Rollen, auch in den Niederlanden, denn Jansen belastete einige der holländischen Satudarah-Mitglieder schwer.

Jansens Aussage ließ die Anzahl der Taten, mit denen man Ali Osman in Verbindung bringen konnte, sprunghaft ansteigen. Zudem hatten die Ermittler jetzt sehr viel mehr in der Hand als ein paar abgehörte Telefongespräche und mitgelesene SMS, zumal Jansen bestätigte, dass man bei den Unterhaltungen eine Art Code verwendet hatte. Osmans Anwälte rieten ihm nun zu einem Geständnis. Wenn Osman signalisierte, dass er zur Zusammenarbeit bereit wäre, würde sich das bei seinem Prozess positiv auf das Strafmaß auswirken. Osman wollte jedoch zunächst nicht aussagen. Er hatte alles für seinen Club gegeben und im Krieg gegen die Hells Angels sogar sein Leben aufs Spiel gesetzt. Er würde seine Brüder doch nicht für ein paar Jahre weniger Knast verraten!

Nachdem er die Details von Jansens Aussage erfahren hatte, änderte Osman seine Meinung. In der JVA zog er Bilanz: »Ich saß im Hochsicherheitsgefängnis. Mein Waffenmeister war ein V-Mann und hatte gegen mich ausgesagt. Mein Secretary hatte gegen mich ausgesagt. Ein Voll-Member hatte gegen mich ausgesagt. Mein eigener Club ließ mich im Stich. So etwas hätte es bei meinen Feinden niemals gegeben. Die Hells Angels würden niemals ein Mitglied oder gar den Präsidenten im Stich lassen oder sich vor den Anwaltskosten drücken. Für die Hells Angels wäre ich in derselben Situation vermutlich ein Held gewesen. Mein Anwalt sagte mir: ›Junge, die Leute, die du mit deinem Schweigen schützt, haben gegen dich ausgesagt. Die haben dich im Stich gelassen.‹«

Ali Osman musste auf die ganz harte Tour lernen, dass es keinen Ehrenkodex der Rocker gab. Warum sollte er sich also als Einziger daran halten und riskieren, die nächsten 15 Jahre im Gefängnis zu verbringen? Dieses Strafmaß stand bei all den Anschuldigungen, die durch die Aussagen Jansens und der beiden anderen Satudarah-Mitglieder nun teilweise gestützt wurden und teilweise erst aufgekommen waren, im Raum. Osman hatte nichts zu verlieren, aber einiges zu gewinnen – vor allem Zeit, die er mit seiner Familie und seinem kranken Sohn verbringen konnte.

Osmans Anwälten war aufgefallen, dass Jansens Aussagen höchst fragwürdig waren. Einer der beiden schilderte seinem Klienten die folgende Perspektive: Osman war der Einzige, der mit einem Geständnis Licht ins Dunkel bringen konnte. Er würde sich damit zwar selbst belasten, aber seine Glaubwürdigkeit wäre wiederhergestellt.

Osman tat, wie ihm geraten worden war. Im November 2013 sagte er umfassend aus, auch gegen die Holländer. Für die niederländischen Ermittlungsbehörden war Osmans Wissen pures Gold: Dank seiner Aussagen konnten einige seiner Ex-Brüder sehr viel schneller verhaftet werden, einer von ihnen sogar wegen Mordes.

Auch bei der Duisburger Polizei dürfte Osmans Geständnis Wellen geschlagen haben. Er brachte nämlich auch den V-Mann in Verbindung mit den Taten, die ihm zur Last gelegt wurden. Nicht alles davon dürfte für die Polizei, die ja seit geraumer Zeit die Telefone aller Beteiligten abgehört hatte, neu gewesen sein.

Die Ermittler wussten bereits aus der Observation, dass Jansen bei der Schmuggelfahrt am 21. Februar 2013, bei der angeblich auch Handgranaten nach Deutschland gebracht worden waren, dabei gewesen war. Die Polizei hatte knapp einen Monat später einen Durchsuchungsbefehl für Jansens Haus erwirkt und rückte dort an dem Tag an, als Ali Osman verhaftet wurde. Doch die Beamten trafen nur Jansens Frau an. Ihr Mann sei auf einem Campingplatz in den Niederlanden und telefonisch nicht zu erreichen, erklärte sie. Sie war einverstanden mit der Durchsuchung. Die Polizei fand weder Waffen noch Drogen, doch einer der Spürhunde schlug an, vermutlich, weil er Spuren von Sprengstoff roch, der zuvor in einer Schublade in einer Kommode im Keller gelagert worden war. Ali Osman sagte aus, dass Jansen diesen Sprengstoff – es soll sich um ein Kilogramm Plastiksprengstoff gehandelt haben – in seinem Garten vergraben hatte. Jansen gab dies später zu und beschrieb den Beamten angeblich auch die entsprechende Stelle im Garten. Die Beamten fanden so viel Sprengstoff, dass eine Explosion einen Radius von einem Kilometer gehabt hätte.

Jansen erklärte, er habe den Sprengstoff im Auftrag von Ali Osman entgegengenommen, weil dieser die Hells Angels mit einer Bombe einschüchtern wollte. Jansen habe jedoch bereits bei der Anlieferung festgestellt, dass die Bombe nicht funktionstüchtig war und sie deshalb vergraben. Später sei noch mehr Plastiksprengstoff hinzugekommen, den Jansen ebenfalls vergraben habe, an einer Stelle, die seine Clubbrüder niemals finden sollten. So habe er verhindern wollen, dass Osman den Krieg gegen die Angels einen Schritt zu weit trieb.

Jansen beschrieb Ali Osman als einen Menschen, der vor nichts zurückzuschrecken schien. Osman habe immer wieder betont, dass man die Hells Angels komplett loswerden müsse. Er schien dabei nach dem Motto »peace through superior firepower«, also Frieden durch überlegene Waffengewalt, vorgehen zu wollen, um seine Gegner und deren Verbündete so einzuschüchtern, dass sie nicht einmal an einen Gegenschlag dachten. Jansen berichtete, Osman habe auch den Plan gehabt, mit einer Panzerfaust von der Autobahn aus auf ein Bordell der Angels zu schießen. Er habe es durchaus für möglich gehalten, dass Osman diesen Plan umsetzen würde, und sei deshalb sehr beunruhigt gewesen. Immerhin hatte Osman nach allem, was er wusste, bereits mindestens einen Handgranatenanschlag durchführen lassen. Das Ziel war das Wohnhaus eines Mannes gewesen, der als Hooligan bekannt war und über den das Gerücht kursierte, er wolle sich den Hells Angels anschließen. Um das zu verhindern, so berichtete Jansen, fuhr Osman nachts bei dem Mann vorbei. Osmans Beifahrer habe dann die Granate in den Hauseingang gerollt.

Von Osmans Beteiligung an solchen Anschlägen ist in dem Gerichtsurteil gegen ihn nichts zu lesen. Es ist also durchaus möglich, dass Jansen, so wie es Ali Osman später erklärte, in dieser Hinsicht gelogen hat. In anderen Fällen stimmen Jansens Aussagen jedoch mit den Ermittlungsergebnissen der Polizei überein.

Umgekehrt brachte Osman Jansen mit einigen anderen Fällen in Verbindung, die in der Gerichtsverhandlung keine Rolle spielten. Seine Aussagen machten deutlich, wie tief Jansen in die Geschäfte des Clubs verstrickt war. Jansen war demnach alles andere als ein unbeteiligter Zaungast, der zwar alles beobachtete und an die Polizei weitergab, sich aber selbst aus den Aktivitäten heraushielt. Jansen selbst stellte sich bei seiner Vernehmung allerdings gerne als reinen Beobachter dar.

Bei einem dieser Fälle handelt es sich um die illegale Einfuhr von Škorpion-Maschinenpistolen, von denen eine am 18. Februar 2013 benutzt worden war, um auf den Kiosk der Hells Angels zu schießen. Laut Osman hatte Jansen diese Aktion initiiert. Er habe ihn gebeten, für ihn in Holland eine spezielle Pistole mit Schalldämpfer zu besorgen. Osman habe Jansens Wunsch an die Niederländer weitergegeben, und am 3. Februar 2013 seien er, Jansen und zwei weitere Satudarah-Member nach Tilburg gefahren, um die Waffen abzuholen.

Da die Holländer die gewünschten Waffen nicht hatten besorgen können, gaben sie den Duisburgern zwei Maschinenpistolen des Typs Česká Škorpion 61 nebst der dazugehörigen Munition und einen Schalldämpfer mit. Vermutlich war Jansen nicht nur bei der Übergabe der Waffen zugegen, sondern war – gemäß des üblichen Vorgehens – auch zusammen mit Osman in dessen Auto zur Absicherung der Strecke vorausgefahren. Osman betonte immer wieder, dass diese Fahrt ohne Jansens Anfrage gar nicht zustande gekommen wäre, wodurch sich Jansen als Initiator eines Verbrechens schuldig gemacht hatte. Umgekehrt ließ Jansen bei seiner Aussage keine Gelegenheit aus, Osman als »Kriegstreiber« darzustellen, der Wert darauf gelegt hätte, die Hells Angels durch vollkommen übertriebene Aktionen einzuschüchtern mit dem Ziel, sie letztendlich aus Duisburg zu vertreiben. Osman habe seine Aktionen mit der Hilfe von Männern aus dem MC durchgeführt, deren Loyalität er sich durch Geld und Drogen erkauft habe. Jansen gab an, dass einige Mitglieder den Club sogar verlassen hätten, da Osman immer radikalere Aktionen plante und diese mit niemandem absprach – nicht mit seinen Freunden und nicht mit seinem Waffenmeister. Zu diesen Mitgliedern zählte angeblich auch Ali Osmans bester Freund Bahadir, der einst den Brotherhood Clown Town MC mitgegründet hatte.

Christoph Jansen benannte in seiner Aussage die Männer, die hinter der Schießerei auf den Kiosk steckten, bei der eine der Škorpion-Maschinenpistolen benutzt worden war. Bei einer V-Mann-Vernehmung am 19. März 2013 gab er außerdem an, dass Osman der Organisator dieser Aktion gewesen sei. Offenbar verschwieg er jedoch den Beamten, dass der Bruder seiner Frau ein Mitglied der Krefelder Hells Angels war, gegen die sich der Überfall gerichtet hatte. Die Schüsse auf den Kiosk könnten also auch eine persönlich motivierte Racheaktion Jansens gegen seinen Schwager, zu dem er wohl kein sonderlich gutes Verhältnis hatte, gewesen sein.

Christoph Jansen war jedoch nicht nur an der Einfuhr von Waffen beteiligt, sondern auch an einigen der Drogenfahrten. Am 13. Mai 2012 etwa, als Duisburger Satudarah-Member 800 Gramm Kokain und zehn Kilogramm Marihuana nach Deutschland brachten, war Jansen dabei und sicherte wie so oft die Strecke ab. Es war Jansen gewesen, bei dem sich Osman telefonisch erkundigt hatte, ob alles glatt gelaufen sei. Laut Osman wurde Jansen auch sein Anteil an den eingeführten Drogen ausgehändigt, die zum Verkauf bestimmt waren.

Ali Osman zufolge fungierte Jansen auch nicht immer nur als Beifahrer, sondern organisierte die »unerlaubte Einfuhr von Betäubungsmitteln in nicht geringer Menge« teilweise selbst. Kurz vor der Patchover-Party in Duisburg im Juni 2012 etwa fuhr Jansen zu einem Treffen mit den niederländischen Satudarah in Rotterdam, wo unter anderem die Fahrt nach Deutschland geplant werden sollte. Bei dieser Gelegenheit deckte sich Jansen mit Drogen ein, die er verkaufen wollte.

Von einer Lieferung Kokain – vermutlich ebenfalls um die 800 Gramm, was einem Marktwert von rund 80 000 Euro entspricht – ist bekannt, dass Jansen sie auf Kommission erhielt. Jansen hatte zugesichert, das Kokain zu verkaufen und den Lieferanten danach zu bezahlen. Einige Zeit später, im März 2013, soll er jedoch nackt und vollkommen verwirrt in einem Waldstück gefunden worden sein, so berichtete die *Westfalenpost* im Oktober 2014 und so steht es auch in den Unterlagen, die dem Landgericht Duisburg vorliegen. Von dem Kokain fehlt – verständlicherweise – bis heute jede Spur. An dem Tag, an dem ich davon erfuhr, dass Jansen unter diesen Umständen aufgegriffen worden war, war ich sprachlos. Das sollte ein Informant der Polizei sein?

Jansen selbst bezeichnete diesen Vorfall in seiner V-Mann-Aussage gegen Ali Osman als persönlichen Wendepunkt, der ihm deutlich gemacht hätte, dass er sein Leben ändern und die MC-Szene verlassen müsse. Laut Jansen war dies der Grund für seine umfangreiche Aussage, in der er sich auch selbst belastete.

Alles in allem ergab sich folgendes Bild: Christoph Jansen war um den Jahreswechsel 2011/12, nachdem er dem Brotherhood Clown Town MC beigetreten war, zunächst unauffällig gewesen – wie es sich für einen V-Mann gehört. Wann er für die Polizei tätig wurde, ist unklar. Jansen selbst gibt an, dass die Kokain-Überdosis im März 2013 der Auslöser war. Allerdings hatte er wohl schon kurz nach seinem Beitritt zum Brotherhood Clown Town MC Anfang 2012 als Spitzel gearbeitet und seinem V-Mann-Führer regelmäßig Bericht erstattet. Er gab den Ermittlern Hinweise, dass ein Mitglied des Brotherhood Clown Town MC vermutlich mit Drogen handelte und dass in diesem Zusammenhang immer wieder von einem Yildiray die Rede war. Dadurch gerieten der Brotherhood Clown Town MC und dessen Präsident ins Visier der Polizei, und diese leitete gegen Osman und seinen Club Ermittlungen ein. Auch bei seiner Vernehmung im August 2013 betonte Jansen wiederholt, dass es bereits vor dem Patchover mit Satudarah immer wieder um Drogen gegangen sei. Ob das stimmt, lässt sich nicht eindeutig beantworten. Auf jeden Fall scheint der Patchover diese Geschäfte intensiviert zu haben.

Wie wurde Christoph Jansen zum V-Mann? Es erscheint ungewöhnlich, dass ein Mann mit seinem Hintergrund – Fremdenlegion, Motorradclubs, Vorstrafen – bereitwillig mit den Behörden zusammenarbeitet und seine Freunde verrät. Vermutlich hatten die Behörden gegen Jansen, der sich vor seinem Beitritt zum Brotherhood Clown Town MC mit kleinen Betrügereien und Drogendeals über Wasser gehalten hatte, etwas in der Hand. Ali Osman äußerte mir gegenüber die Vermutung, dass Jansen möglicherweise in der Wing-Chun-Schule, in der er Anfang 2012 regelmäßig trainierte, von der Polizei angeworben wurde. Es war bekannt, dass dort auch Mitglieder des Sondereinsatzkommandos trainierten. Ali Osman glaubte, dass man Jansen nicht nur mit der Zusicherung, dass seine Angaben vertraulich behandelt werden würden, sondern auch mit anderen Mitteln gelockt hatte. Vielleicht war Jansen bei einer kriminellen Handlung erwischt worden und man hatte ihm Straffreiheit zugesichert?

Ich halte diese Vermutung durchaus für plausibel – auch wenn eine solche Absprache bedeuten würde, dass die Polizei bereit war, das Gesetz zu brechen oder zumindest zu ignorieren. Geld scheint jedenfalls kein Anreiz für Jansen gewesen zu sein. Ali Osman ließ mir gegenüber durchblicken, dass Jansen durchaus nicht schlecht gelebt hätte. Seine Drogengeschäfte schienen genug abgeworfen zu haben.

Anfang 2012 – der Patchover mit Satudarah war noch nicht einmal angedacht – hielt sich Christoph Jansen noch von allen kriminellen Aktivitäten fern, doch nach etwa einem halben Jahr änderte sich sein Verhalten, und die Polizei konnte ihn bereits im Mai 2012 mit einer ersten Drogenfahrt in die Niederlande in Verbindung bringen. Wodurch wurde diese Verhaltensänderung ausgelöst? Eine wichtige Frage, denn eines ist klar: Eine Tätigkeit als V-Mann ist alles andere als ein Freifahrtschein.

Aus der Anlage D zu den Richtlinien für das Strafverfahren und das Bußgeldverfahren (RiStBV) geht hervor, dass eine V-Person jemand ist, der, »ohne einer Strafverfolgungsbehörde anzugehören, bereit ist, diese bei der Aufklärung von Straftaten auf längere Zeit vertraulich zu unterstützen, und deren Identität grundsätzlich geheim gehalten wird.« Hier liegt der wesentliche Unterschied zu einem verdeckten Ermittler, der in der Regel ein Polizeibeamter ist, also vom Staat bezahlt wird.

Vor allem die Zusicherung der Vertraulichkeit ist oftmals der entscheidende Faktor, um jemanden dazu zu bewegen, der Polizei Informationen zu liefern. V-Personen dürfen nur dann eingesetzt werden, wenn die Aufklärung von Straftaten ansonsten aussichtslos oder wesentlich erschwert wäre. Als ihre Aufgabe definiert Anlage D die Beschaffung von Beweismitteln, die bei den weiteren Ermittlungen oder in einem Prozess gebraucht werden können.

Im Gegenzug verpflichten sich Staatsanwaltschaft und Polizei, die Identität der V-Person geheim zu halten, vor allem, wenn diese bei Bekanntwerden ihrer Informantentätigkeit erheblich gefährdet wäre oder unzumutbare Nachteile zu erwarten hätte. Deswegen wird V-Personen in der Regel eine Nummer zugewiesen, die in allen offiziellen Dokumenten verwendet wird. Die gleiche Nummer in verschiedenen Niederschriften bedeutet also: gleicher Informant. V-Personen werden regelmäßig von einem Polizeibeamten, dem sogenannten V-Mann-Führer, befragt, der ein Protokoll des Gesprächs anfertigt. Für die Treffen zwischen den V-Mann-Führern und ihren Informanten werden unterschiedliche Abstände festgelegt – manchmal finden sie einmal pro Monat, in einigen Fällen auch häufiger statt.

Die zugesicherte Vertraulichkeit wird hinfällig, wenn die V-Person wissentlich falsche Informationen weitergibt, von der

Weisung ihres V-Personen-Führers abweicht, sich anderweitig als unzuverlässig erweist oder sich strafbar macht, egal ob diese Straftaten mit der Tätigkeit für die Behörden in Zusammenhang stehen oder nicht.

Wie die Vernehmungsprotokolle beweisen, wurde Jansen vor jeder Vernehmung vor allem über den letztgenannten Punkt von seinem V-Mann-Führer aufgeklärt. Jansen war sich also darüber im Klaren, dass er sich in Gefahr bringen würde, wenn er sich an illegalen Unternehmungen beteiligte. Warum tat er es dennoch? Hatte ihm etwa sein V-Mann-Führer zugesichert, dass ihm nichts passieren würde, solange er nur fleißig weiter Informationen weitergab?

Es drängt sich jedoch auch eine ganz andere Vermutung auf: Trotz der Zusammenarbeit mit Jansen gelang es der Polizei zunächst nicht, ausreichend Beweise gegen Ali Osman und seinen MC zusammenzutragen, die vor Gericht Bestand haben würden. Die Polizei brauchte etwas Handfestes – sollte Jansen ihr das liefern? Beispielsweise, indem er den Beamten verriet, dass am 14. März 2013 eine Kalaschnikow aus Holland geliefert werden sollte? Ein Hinweis, der diese Theorie stützt, ist die Tatsache, dass die beiden Männer, die das Sturmgewehr transportiert hatten, von einer SEK-Einheit gestellt worden waren – als hätte man geahnt, dass es möglicherweise Probleme geben könnte, die eine »normale« Polizeieinheit überfordern könnten.

Ich wollte Kontakt zu Jansen aufnehmen, um mir seine Version der Geschichte erzählen zu lassen. Zuerst versuchte ich, Jansen persönlich zu erreichen, aber ohne Erfolg. Da Jansen nach dem Prozess sofort unter Zeugenschutz gestellt worden war, war seine alte Mobilfunknummer längst stillgelegt worden.

Mein nächster Anlaufpunkt war die Polizei. Wer war Jansens V-Mann-Führer gewesen? Die Anwälte von Ali Osman hatten, wie sie mir nach dem Prozess erzählten, das nicht mit Sicherheit herausfinden können. Meine Anfragen zu Christoph Jansen bei verschiedenen Polizeipräsidien wurden nur mit der knappen Aussage beantwortet, dass man zu verdeckten Ermittlungen nichts nach außen geben wolle.

Immerhin gelang es mir, Jansens Anwalt ausfindig zu machen – einen Mann, der immer wieder Polizisten vor Gericht vertritt. Doch auch dieser weigerte sich, für mich den Kontakt herzustellen oder auch nur eine Nachricht weiterzuleiten.

Der Einzige, der mit mir über Christoph Jansen sprechen wollte, war Ali Osman. Da der ehemalige Präsident jedoch nicht besonders gut auf seinen einstigen Waffenmeister zu sprechen war, waren seine Aussagen vermutlich stark subjektiv gefärbt. Aus meinen Recherchen und Osmans Erzählungen ergab sich dennoch Stück für Stück ein schockierendes Bild vom Umgang mit V-Personen in Deutschland. Dass der Einsatz von solchen Informanten ebenso wie der von verdeckten Ermittlern problematisch ist, weiß man aus zahllosen Berichten – von der Dokumentation der Versuche, die NPD zu verbieten, bis hin zur Berichterstattung rund um den NSU. Die Aussagen von Informanten vor Gericht waren oft nicht vertrauenswürdig, weil immer wieder nachgewiesen werden konnte, dass diese in Verbrechen verstrickt oder anderweitig unzuverlässig waren. Das gilt auch für Personen, die von der Polizei Geld beziehen. Im Rockermilieu scheinen die Behörden jedoch noch einen Schritt weitergegangen zu sein.

1149

Polizeipräsidium
DirK - KK 21
IGVP-Nr. 501000-014988-12/5
StA Duisburg, Az. 122 Js 17/12

Duisburg, 21.03.2013

Urschriftlich
der Staatsanwaltschaft
in Duisburg

mit der Anregung übersandt, das zuständige Amtsgericht zu ersuchen, im vorliegenden Ermittlungsverfahren gegen

den deutschen Staatsangehörigen,

Yildiray KAYMAZ,
[geschwärzt]

gegen

[geschwärzt]

wegen des Einfuhrschmuggels, Ausübens der tatsächlichen Gewalt und der Beförderung von Kriegswaffen durch das Bundesgebiet gem. § 22a KriegswaffenKontrollG einen Durchsuchungsbeschluss gemäß §§ 102, 105 StPO

für die Wohnräume des [geschwärzt] an seiner Meldeanschrift

[geschwärzt]

sowie mitbenutzte Nebenräume, etwaige Fahrzeuge des Beschuldigten und die Person des Beschuldigten [geschwärzt] zu erlassen.

1. Tatverdacht

1

1150

Die Beschuldigten KAYMAZ, [geschwärzt] und andere stehen in dem dringenden Tatverdacht Kriegswaffen, Handgranaten und Schusswaffen, in den Niederlanden illegal erworben, nach Deutschland eingeschmuggelt und ohne Genehmigung durch das Bundesgebiet befördert zu haben.

Nach offensichtlichen vorherigen Absprachen zwischen KAYMAZ und [geschwärzt] (weit. Pers. bek.) beauftragte KAYMAZ am Morgen des 21.02.2013 [geschwärzt] ein weiteres Fahrzeug zu besorgen, da KAYMAZ, [geschwärzt] und [geschwärzt] sowie [geschwärzt] zu [geschwärzt] fahren müssten. [geschwärzt] schlug vor, einen Leihwagen zu nehmen, da das sicherer wäre, aber KAYMAZ lehnte ab. Gegen Mittag erhielt [geschwärzt] den Auftrag, [geschwärzt] darüber zu informieren, dass man zu den Brüdern in Amsterdam fahren wolle, um „etwas zu essen". Dies war an sich ungewöhnlich, da KAYMAZ und [geschwärzt] normalerweise SMS direkt austauschen und einen quasi freundschaftlichen Umgang pflegen. Außerdem ist [geschwärzt] „lediglich" ein „Member" und kein sog. „Offizier" und darf somit nicht ohne weiteres einen National kontaktieren.

Schließlich trafen sich KAYMAZ und [geschwärzt] im [geschwärzt] des KAYMAZ sowie [geschwärzt] und [geschwärzt] in einem schwarzen [geschwärzt], [geschwärzt], gegen 13.35 Uhr an einer JetTankstelle. Laut GPS-Daten des von KAYMAZ genutzten BMW X5, [geschwärzt] fuhr man dann in Begleitung des von [geschwärzt] organisierten [geschwärzt] [geschwärzt], allerdings nicht nach Amsterdam sondern auf direktem Weg über Eindhoven nach Tilburg. Dort gab es zwischen 15.13 Uhr und 17.55 Uhr im Bereich Havendijk und Jan van Rijzewijkstraat eine längere Standzeit für den X5. In diesem Bereich befindet sich ein Clubhaus der niederländischen Satudarah. Anschließend bewegte sich der X5 nicht direkt wieder zurück nach Duisburg sondern fuhr zunächst Richtung ´s-Hertogenbosch, dann Richtung Utrecht, dann zunächst Richtung Osten (Arnheim/Nimwegen), um schließlich über Arnheim am deutschen Grenzübergang Elten (BAB 3) anzugelangen. Gegen 20.40 Uhr war der BMW X5 wieder in Duisburg. Die für die Rückfahrt gewählte Route macht selbst bei unterstelltem hohen Verkehrsaufkommen keinen Sinn und spricht eher dafür, dass man versucht hat generell erwartete polizeiliche Observationsmaßnahmen zu erschweren oder in die Irre zu führen.

Um 21.42 Uhr erhielt KAYMAZ eine SMS von [geschwärzt] wonach die Jungs durch wären und Gott mit ihnen sei. Um 21.48 Uhr teilte [geschwärzt] ferner mit, dass das andere auch erledigt wäre. Es ist zu vermuten, dass anlässlich dieser Fahrt ein Einfuhrschmuggel durchgeführt wurde: Offenbar befanden sich aber KAYMAZ und [geschwärzt] im [geschwärzt] des KAYMAZ und trafen deutlich vor den anderen beiden in Duisburg ein. [geschwärzt] und [geschwärzt] fuhren in dem von [geschwärzt] genutzten [geschwärzt] und haben die eigentliche Schmuggelfahrt durchgeführt.

Durch eine Quellenvernehmung des PP Köln vom 14.03.2013 wurde klargestellt, dass am 21.02.2013 Handgranaten und Schusswaffen für die Duisburger Satudarah gekauft und nach Deutschland geschmuggelt wurden. Damit erklärt sich auch das konspirative Täterverhalten am Telefon sowie die ungewöhnliche Route auf der Rückfahrt.

Zusammenfassend dargestellt hatte vermutlich KAYMAZ die Kriegswaffen (Handgranaten und Schusswaffen) im Vorfeld bei [geschwärzt] in den Niederlanden bestellt. KAYMAZ und [geschwärzt] hatten die Kuriere [geschwärzt] und [geschwärzt] am 21.02.2013

2

1151

zunächst nach Tilburg begleitet und dürften dann zur „Sicherung der Fahrtstrecke" vorausgefahren sein, wie es auch bei anderen Schmuggelfahrten üblich ist. ████ oder ████ meldeten die erfolgreich abgeschlossene Schmuggelfahrt an den ████████████, der anschließend KAYMAZ informierte. ████ steht im Verdacht des Verstoßes gegen das Gesetz über die Kontrolle von Kriegswaffen (KriegswaffenKontrollG). Gemäß § 22a Abs. 1 ist bereits die ungenehmigte Beförderung einer solchen Waffe im Bundesgebiet strafbar. Gleiches gilt für die Einfuhr sowie die Ausübung der tatsächlichen Gewalt.

2. Erfolgsvermutung

Nach den bisherigen Ermittlungen besteht die Vermutung, dass der Beschuldigte im Besitz von

- Waffen
- Bargeld beziehungsweise Gewinnen aus illegalen Waffen-Geschäften
- schriftlichen Unterlagen zur Dokumentation von Waffen-Geschäften, Kontaktnamen und -adressen, Kontoverbindungen

ist.

Die Auswertung schriftlicher Unterlagen kann die bestehende Beweislage ergänzen und verbessern. Ebenso können bislang noch nicht identifizierte Mittäter ermittelt werden.

Kontoverbindungen können Hinweise zu möglichen Geldströmen der zumindest teilweise inkriminierten Einnahmen der Beschuldigten geben.

Es handelt sich daher bei den o.a. Sachen um Beweismittel, die für das vorliegende Verfahren von Bedeutung sind.

Durchsuchungsbeschluss

Es wird angeregt, beim Amtsgericht in Duisburg einen Durchsuchungsbeschluss für ████████ gem. §§ 102, 105 StPO zu beantragen.

Es ist zu vermuten, dass die Durchsuchung zur Auffindung der o.a. Beweismitteln und zur Auffindung von Bargeld, welches vermutlich zum Teil aus illegalen Handlungen stammt, führt.

Darüber hinaus wird darum ersucht, die Anordnung der Beschlagnahme der bei der Durchsuchung aufgefundenen Beweismittel gem. §§ 94, 98 StPO (bezüglich aufgefundener Bargeldbeträge oder Wertgegenständen die vollstreckungssichernde Beschlagnahme nach §§111b, c StPO) zu beantragen.

Andere Maßnahmen mit geringerer Eingriffstiefe in die Rechte der Beschuldigten sind nicht geeignet, das Ermittlungsziel zu erreichen. In Betracht käme hier lediglich die freiwillige Aushändigung der Beweismittel durch die Beschuldigten. Auf Grund der

3

1152

hohen Strafandrohung der hier vorgeworfenen Taten sowie der möglichen dauerhaften finanziellen Einbußen ist jedoch damit zu rechnen, dass die Beschuldigten Beweismittel vernichten werden, sobald sie Kenntnis über die gegen sie gerichteten Ermittlungen erhalten.

In Anbetracht der Schwere der vorgeworfenen Straftat ist die Maßnahme verhältnismäßig.

KAPITEL 8

OSMANS SPITZEL BEI DER POLIZEI

Meiner Meinung nach kommt auf jeden fünfzigsten Kriminellen ein korrupter Polizist, der sich für Geld kaufen lässt. Diese Wahrheit gelangt nicht an die Öffentlichkeit, denn der Ruf der Polizei darf natürlich nicht beschädigt werden. Ich hatte auch Freunde bei der Polizei, die mir sehr geholfen haben. Für Geld haben die fast alles gemacht.

Ali Osman

Dass Jansen seine Zurückhaltung aufgegeben und begonnen hatte, sich an den Verbrechen seiner Club-Brüder zu beteiligen, hatte Osmans Bedenken hinsichtlich seines neuen Waffenmeisters zerstreut. Dennoch hat er Jansen angeblich nie richtig vertraut. Positiv fiel für ihn allerdings ins Gewicht, dass sein bester Freund Bahadir für den Deutschen gebürgt hatte und dieser gegen Ende des Jahres 2012 das »richtige« Verhalten an den Tag legte. Osman hatte nie den Verdacht, dass Jansen ein V-Mann sein könnte, obwohl er von einer zuverlässigen Quelle wusste, dass sich ein Verräter unter den Clubmitgliedern befand. Während er das seltsame Verhaltens des V-Mannes enthüllte, ließ Osman noch eine weitere Bombe platzen: Er selbst hatte einen Spitzel bei der Polizei.

Dem Polizisten, der kurze Zeit später für ihn spionieren sollte, war Osman zum ersten Mal bei einer Verkehrskontrolle vor dem Brotherhood-Clown-Town-MC-Clubhaus begegnet. Die Polizei zeigte dort zu jener Zeit verstärkt Präsenz und überprüfte vor allem Fahrzeuge, die das Clubhaus ansteuerten oder es verließen. Osman war nach einer nach seinen Schilderungen fröhlichen Runde, bei der »Koks auf dem Tisch« gelegen hatte und Joints geraucht worden waren, mit rund 50 Gramm Gras unterwegs, als er wenige hundert Meter vom Clubhaus entfernt aufgehalten wurde. Während einer der Beamten Osmans Papiere überprüfte, blieb der andere neben dem Wagen stehen und wies Osman an, den Beutel mit dem Gras zu öffnen. Osman forderte den Beamten auf, dies doch selbst zu tun. Der Beamte griff durchs Fenster, öffnete die Tasche und sah das Gras. Doch statt weitere Schritte einzuleiten, grinste er laut Osman nur und sagte, dass alles okay sei. Er führte bei Osman einen Drogenschnelltest durch, der positiv ausfiel, doch als der Kollege mit den Papieren zurückkehrte, erklärte er ihm, dass alles in bester Ordnung sei. Man gab Osman seine Papiere zurück und ließ ihn weiterfahren.

Eine Woche später besuchte Ali Osman mit seiner Familie das Stadtfest in Rheinhausen – und begegnete seinem Freund und Helfer erneut. Dieser begrüßte ihn, als würde man sich kennen, und begann ein Gespräch wie unter Freunden. Osman schickte seine Familie zu einer der Buden und stellte den Polizisten zur Rede. Die beiden vereinbarten ein Treffen für einen der nächsten Tage. Dabei kam der Polizist schnell zur Sache: Gegen eine monatliche Zahlung von 2000 Euro, die Ali Osman später als »lächerliche Summe« bezeichnete, bot er an, Osman vor Razzien zu warnen und ihm Informationen über die Hells Angels zu liefern. Die einzige Bedingung, die der Beamte stellte, war Osmans Schweigen, auch innerhalb des Clubs. Osman sagte zu.

Die gesamte Kommunikation zwischen Osman und dem Polizisten lief über SMS, verschickt von monatlich wechselnden Handys; die einzigen persönlichen Kontakte waren die Geldübergaben. Der Spitzel hielt Wort: Er versorgte Osman mit Informationen über dessen Feinde. Osman wies seine Leute an, Autokennzeichen, die ihnen verdächtig vorkamen, aufzuschreiben. Er gab die Kennzeichen an seinen Spitzel weiter, der in den Computern nachforschte, auf wen die Fahrzeuge zugelassen waren. Außerdem warnte der Polizist Osman rechtzeitig vor allen anstehenden Razzien, sodass Osman dafür sorgen konnte, dass in den Clubhäusern des

Brotherhood Clown Town MC und später des Satudarah MC nie etwas gefunden wurde.

Gegen einen kleinen Aufpreis erzählte der Spitzel Osman auch von den Ermittlungstaktiken der Polizei. Dadurch erfuhr Osman, dass die vom Innenminister Nordrhein-Westfalens ausgegebene Parole »Null Toleranz für Rocker!« konkret bedeutete: »Macht alles, was nötig ist!«

In den Gesprächen mit mir gab Osman an, dass ihn sein Spitzel außerdem wissen ließ, dass bei Ermittlungen gegen die organisierte Kriminalität – in diese Kategorie fiel der Brotherhood Clown Town MC ebenso wie der Satudarah MC, denn man ging davon aus, dass diese Clubs nur mit dem Ziel, Verbrechen zu begehen und sich daran zu bereichern, gegründet worden waren – immer wieder V-Männer zum Einsatz kamen, wenn man bei den Ermittlungen nicht weiterkam. Diese müssten sich allerdings aus Straftaten heraushalten, erklärte der Spion.

Osman wurde von seinem Polizeispitzel vor einem V-Mann im Duisburger Satudarah MC gewarnt. Er erzählte mir, dass er sich bei seinem Spion erkundigt habe, wie er den Verräter enttarnen könne. Wonach müsse er Ausschau halten? Nach einem Mitglied, das keine Verbrechen begehe, habe er als Antwort erhalten. Genau das tat Ali Osman dann. Auf Christoph Jansen fiel kein Verdacht. Der Deutsche war in so viele illegale Geschäfte verwickelt gewesen, dass er auf gar keinen Fall ein V-Mann sein konnte, dachte Osman damals.

Im April 2013 erfuhr Osman von seinem Spitzel, dass ein Haftbefehl gegen ihn vorlag. Osman war nicht sonderlich beunruhigt, denn er ging davon aus, dass man ihn lediglich für ein, zwei Wochen aus dem Verkehr ziehen wollte, damit sich die Lage in Duisburg nach den diversen Anschlägen zu Beginn des Jahres 2013 wieder beruhigte. Vor der drohenden Verhaftung hatte der Spitzel Osman jedoch nicht warnen können – die Polizei hatte inzwischen den Verdacht, dass Osman Kontakt zu einem Mann in ihren Reihen hatte und hielt deswegen die bevorstehende Aktion streng geheim.

Als Osman einen Hubschrauber bemerkte, der so niedrig über seinem Haus kreiste, dass er das Gesicht des Piloten erkennen konnte, kontaktierte er seinen Spitzel natürlich. Dieser sagte, er wisse, dass irgendetwas im Busch sei, habe aber keine detaillierten Informationen. Ehe der Spitzel Genaueres herausfinden konnte, wurde Osman verhaftet.

Die Zusammenarbeit zwischen dem Polizisten und dem Rockerboss war damit jedoch nicht beendet. Wenige Stunden nach der Verhaftung besuchte der Spitzel Ali Osman in dessen Zelle, unter dem Vorwand, ihm etwas zu trinken bringen zu wollen. Er berichtete Osman von den weiteren Verhaftungen in dieser Nacht und erzählte ihm, wer in den Nachbarzellen saß. Außerdem wollte er sichergehen, dass Osman ihn nicht verraten würde, und sicherte ihm weitere Unterstützung zu. Osman bekam einen Zettel zugesteckt, den er lesen sollte, nachdem der Spitzel gegangen war. Darauf stand: »Christoph Jansen ist der V-Mann unter euch! Pass gut auf!«

Dennoch verriet Ali Osman seinen Spitzel. »Es machte mir Spaß, der Polizei zu zeigen, dass ich auch einen V-Mann in ihren Reihen hatte. Ich erzählte den Beamten für Innere Angelegenheiten alles und lieferte damit den Spitzel aus. Durch die Überprüfung von gespeicherten GPS-Signalen konnte die Polizei zum Beispiel meine Angaben zu den Orten der Geldübergabe überprüfen. Als sie erfuhren, dass ich vor allen Razzien gewarnt worden bin, wurde ihnen das Ausmaß der Geschichte klar. Gegen den Beamten wurde ein Disziplinarverfahren seitens der Staatsanwaltschaft Duisburg eingeleitet.«

Die Polizei ist aus nachvollziehbaren Gründen bestrebt, diese Geschichte nicht an die Öffentlichkeit dringen zu lassen. Strafanzeige wegen Bestechung wurde jedenfalls nicht gestellt, und soweit mir bekannt ist, wurde Ali Osman auch nicht als Zeuge in einem Prozess gegen den korrupten Beamten geladen. Allerdings wurde offenbar ein Verfahren wegen des Verdachts auf Verrat von Dienstgeheimnissen und Bestechlichkeit gegen den Polizisten eingeleitet.

Ich erkundigte mich bei der Pressestelle der Polizei Duisburg, was bei diesem Verfahren herausgekommen sei. Man ließ mich zunächst ins Leere laufen, riet mir einige Anfragen später jedoch, mich an die Staatsanwaltschaft zu wenden. Von deren Pressestelle erfuhr ich, dass das Verfahren gegen den Polizeibeamten eingestellt worden war. Der Beamte habe bestritten, Straftaten begangen zu haben, und nachdem bei der Durchsuchung seines Hauses kein belastendes Material gefunden worden sei, habe man die Sache auf sich beruhen lassen.

Ich fragte mich, was man in der Wohnung des korrupten Beamten zu finden gehofft hatte. Taschenweise Bargeld, das er von Ali Osman bekommen hatte? Wohl kaum.

In dieser Sache kam ich noch weniger voran als bei meinen Recherchen zu Christoph Jansen. Diese Geschichte verstärkte jedoch meinen Eindruck, dass bei der Polizei in Duisburg einiges nicht so läuft, wie man es als Normalbürger vermutet. Neben der Tatsache, dass offenbar ein korrupter Beamter gegen Geld einen Verbrecher gewarnt und für ihn spioniert hat, scheint sich die Polizei auch Methoden zu bedienen, die mit den Gesetzen, die sie eigentlich durchsetzen und schützen sollte, nicht zwingend konform gehen. Wie sonst ist es zu erklären, dass einem kriminellen V-Mann seelenruhig dabei zugesehen wird, wie er Waffen und Drogen aus den Niederlanden einführt? Und dass selbst dann nichts gegen diesen Mann unternommen wird, wenn seine »Brüder« bereits im Gefängnis sitzen und auf ihren Prozess warten? Obwohl Osmans Aussage der Staatsanwaltschaft allen Grund gegeben haben sollte, genauer hinzusehen, wurde Christoph Jansen zunächst nicht angeklagt.

Am meisten erschreckte mich persönlich jedoch der Moment, in dem mir klar wurde, dass Duisburg in dieser Hinsicht offenbar kein Einzelfall war.

61
18
133

KK21

Duisburg, den 19.04.2012

VERMERK

Eingeleitetes Ermittlungsverfahren gegen Yildiray KAYMAZ; Az 501000-040158-12/6

TKÜ-Anregung vom 13.04.2012

1.
Nach Sichtung der Aktenlage teilte Herr [geschwärzt] am heutigen Tage, Frau [geschwärzt] fernmündlich mit, dass die Verdachtsmomente für die Anregung zur TKÜ gegen den Yildiray KAYMAZ, nicht ausreichend bestimmt und konkret seien.
Die vorgenommenen Deutungen und Ableitungen aus den Gesprächsinhalten können seitens der Staatsanwaltschaft nicht übereinstimmend nachvollzogen werden.

2.
Aufgrund der zwischenzeitlich neu und verdichteten gewonnenen Erkenntnisse, wird eine erneute Anregung zur TKÜ, wegen konkreten Verdachts des Verstosses gegen das BtmG, gegen KAYMAZ erstellt und diesem Vermerk nachgereicht.

KAPITEL 9

DER V-MANN-SKANDAL IN MÜNCHEN

Fakt ist: Ein V-Mann darf keine Straftaten begehen. Die Polizei hat den bewusst dazu getriebn, weil sie die Beschlüsse brauchten. Die wollten das.

Ali Osman

Fast parallel zum Fall Christoph Jansen wurde ich auf eine ganz ähnliche Geschichte aufmerksam, die in Bayern bis heute für Schlagzeilen sorgt. In München hatte man einen V-Mann bei den Bandidos eingeschleust. Er wurde verhaftet und in einem Prozess zu sechs Jahren und zehn Monaten Gefängnis verurteilt. Da die V-Mann-Führer ihn nicht herausboxen konnten und sich außerdem weigerten, ihm die Zeit, die er in Haft verbringen würde, zu vergüten, gab der Mann seine Deckung auf und strebte einen neuen Prozess an. Er erklärte, dass er die Verbrechen, für die er verurteilt worden war – vornehmlich Drogenhandel und Diebstahl –, im Auftrag des Bayerischen Landeskriminalamtes verübt habe.

Ich vereinbarte einen Termin mit dem Verteidiger des V-Mannes und dieser schilderte mir den Fall. Zusammen mit der Berichterstattung über den Skandal ergibt sich das folgende Bild: Der Münchner V-Mann hatte den Auftrag, den Bandidos MC in Regensburg auszuspähen. Um dem MC beitreten zu können und von den Mitgliedern akzeptiert zu werden, habe er immer wieder größere Mengen Drogen nach Deutschland eingeführt und verkauft. Wäre er ein »harmloser« Prospect geblieben, der hinter der Theke stand und Gläser spülte, hätte er von den kriminellen Aktivitäten im MC nichts mitbekommen. Diese Argumentation des Spitzels habe dem V-Mann-Führer eingeleuchtet.

Der V-Mann gab an, bei seinen Taten im Auftrag und mit dem Wissen des bayerischen LKA gehandelt zu haben, das ihm – laut einem Bericht der *Münchner Abendzeitung* vom September 2016 – mehrere eigens angemietete Dienstwägen, große Limousinen der Mercedes E-Klasse, zur Verfügung gestellt habe. Die Tachos der Autos seien vor der Rückgabe an den Verleiher manipuliert worden, da er die zulässige Kilometerzahl deutlich überschritten habe und das LKA deshalb eigentlich zu Nachzahlungen in großer Höhe – die Zeitungen sprachen von rund 18 000 Euro – verpflichtet gewesen wäre. Außerdem war der V-Mann immer wieder vom LKA gedeckt worden, wenn er im Zusammenhang mit einem Verbrechen verhaftet worden war. So habe man dafür gesorgt, dass er schnell wieder freigelassen wurde.

Durch eine Verkettung von Zufällen wurden die Anweisungen vom LKA an den V-Mann entdeckt: Der Münchner V-Mann geriet mit den Bandidos ins Visier der Kriminalpolizei Würzburg. Er wurde zwar vom LKA gewarnt, konnte der Verhaftung aber nicht entgehen. Daraufhin beschloss man in München, den Spitzel fallenzulassen. Hätte man die Verbindung aufrechterhalten, wäre den Kollegen in Franken irgendwann aufgefallen, dass man in München genau wusste, was der V-Mann getan hatte. Als dieser für die Straftaten, die er angeblich im Auftrag des Staates begangen hatte, zu sechs Jahren und zehn Monaten Haft verurteilt wurde, wollte er seinen V-Mann-Führer nicht länger decken. Als er gefragt wurde, warum er so lange verschwiegen hatte, dass er V-Mann gewesen sei, antwortete er, dass er damit gerechnet habe, dass ihn das LKA auch diesmal wieder herausboxen würde.

Die Geschichte zog noch weitere Kreise, denn nun versuchte das LKA in München offenbar, seine Beteiligung zu vertuschen, indem es die Akten fälschte. Da anscheinend nicht nur der V-Mann-Führer gewusst hatte, was gespielt worden war, sondern auch dessen ganze Abteilung inklusive der Vorgesetzten, weigerte man sich, dem Anwalt des V-Mannes die Akten zu übersenden. Man erklärte, das sei unmöglich, weil höhere Interessen vorlägen – der Schutz des Staates. Wie jedoch die *Münchner Abendzeitung* im Dezember 2015 berichtete, war der V-Mann-Führer mit einer Politikerin aus Unterfranken verheiratet, die wiederum gut mit dem Staatssekretär im Innenministerium bekannt war. Dieser ließ die Akte sperren – und damit bekam der Fall auch eine politische Dimension.

Als die Akte zwei Wochen später dann doch freigegeben wurde, fiel dem Anwalt sofort auf, dass sie manipuliert worden war, um die Beteiligung des LKA zu vertuschen. Man hatte neue Versionen von Vernehmungsprotokollen und E-Mails angefertigt, aber vergessen, die Originale zu entfernen – wahrscheinlich hatte man beim LKA schlichtweg den Überblick verloren.

Die Kriminalbeamten in Würzburg und Nürnberg – dort war der V-Mann ebenso straffällig geworden wie in Regensburg – hatten inzwischen damit begonnen, auch gegen ihre Kollegen in München zu ermitteln. Sie waren es, die dem Anwalt Akteneinsicht gewährten und ihm damit das Material lieferten, das er vor Gericht benötigte. Der Anwalt hatte bis dahin erfolglos versucht, seinen Mandanten, der aufgrund seiner Zugehörigkeit zu den Bandidos Angriffe zu befürchten hatte, im Zeugenschutzprogramm unterzubringen. Seine Anträge waren immer wieder abgelehnt worden. Als klar wurde, dass die Akten manipuliert worden waren, war der Zeugenschutz plötzlich doch möglich. Eine interessante Wendung, denn eine Aufnahme in das Schutzprogramm hätte bedeutet, dass der Anwalt, der die ganze Zeit über nicht lockergelassen hatte, keinen Kontakt mehr zu seinem Mandanten haben würde. Der ehemalige V-Mann lehnte das Zeugenschutzprogramm jedoch ab.

Der politische Fallout in München scheint auch dafür gesorgt zu haben, dass die CSU eine Gesetzesinitiative im bayerischen Landtag angeregt hat, den Umgang mit V-Personen neu zu regeln. Den Informanten soll künftig gestattet sein, szenetypische Straftaten zu begehen – in diesem Fall also beispielsweise Drogendelikte. Wenn die V-Männer nicht in diese Verbrechen verwickelt sind, erhalten die Behörden keine brauchbaren Informationen zur Aufklärung der Taten, lautet die Argumentation der Befürworter dieses Vorschlags, über den weiterhin diskutiert wird.

Die Parallelen zwischen dem Münchner Fall und den Ereignissen in Duisburg sind offenkundig und erschreckend. Christoph Jansen war offensichtlich in Straftaten verwickelt. Er wird zum einen durch die Aussagen von Ali Osman damit in Verbindung gebracht. Dessen Angaben könnte man in Zweifel ziehen, da auch Osman durch Jansens Aussage belastet wurde und er somit einen persönlichen Grund haben könnte, seinen ehemaligen Waffenmeister zu beschuldigen.

Zum anderen aber wurde Jansens Telefon von der Polizei überwacht und er wurde observiert. Sein V-Mann-Führer muss also gewusst haben, was er tat, und hat es anscheinend billigend in Kauf genommen. Wurde Jansen versprochen, dass man ihn nicht für seine Taten belangen würde? War das auch der Grund, warum man Jansen strafrechtlich nicht weiter verfolgte? Oder war die Polizei noch einen Schritt weiter gegangen und hatte Jansen ermutigt, Waffen- und Drogendeals einzufädeln, damit man etwas gegen den deutschen Satudarah MC in der Hand hatte?

Zu dieser Vermutung passt die Geschichte um die Einfuhr der Kalaschnikow, bei der die beiden Satudarah-Member vom SEK verhaftet worden waren. Diese Spezialeinheit steht nicht einfach auf der Straße herum und kontrolliert Fahrzeuge. Sie wird explizit bei besonderen Gefahrensituationen angefordert und ihre Einsätze werden akribisch geplant. Jansen muss der Polizei genau verraten haben, wer wann mit welchem Auto und welcher Ladung über die Grenze kommen würde – nur so lässt sich die Festnahme durch das SEK wirklich erklären.

Natürlich besteht auch die Möglichkeit, dass Jansens V-Mann-Führer nichts von dessen Straftaten wusste. Angesichts der Aufmerksamkeit, die den Mitgliedern des Satudarah MC über ein Jahr hinweg zuteilwurde, ist das allerdings sehr unwahrscheinlich. Sollten der Polizei trotz der intensiven Überwachung des Clubs Jansens Taten tatsächlich entgangen sein, dann hätte sie ihre Arbeit so schlecht gemacht, dass es einer Bankrotterklärung gleichkäme. In jedem Fall aber steht die Duisburger Polizei in Sachen Christoph Jansen schlecht da. Ebenso wie die Staatsanwaltschaft hatte sie keine Absicht, die Causa Jansen vor Gericht anzusprechen – schon gar nicht in einem Prozess, der von den Medien so aufmerksam verfolgt wurde.

Dass die direkt, wie die Polizei, oder indirekt, wie die Staatsanwaltschaft, beteiligten Behörden nicht in dieses Wespennest stechen wollten, ist nachvollziehbar. Doch warum haben die Anwälte von Ali Osman nicht genauer nachgefragt, wer dieser V-Mann ist, der plötzlich aus dem Hut gezaubert worden war? Sie erklärten mir gegenüber nach dem Prozess, dass ihnen die ganze Geschichte sehr seltsam vorgekommen sei.

Die Protokolle von Christoph Jansens Aussagen im August 2013 legen den Eindruck nahe, dass dieser aus eigener Initiative, ganz ohne Aufforderung, zur Polizei in Hannover gegangen war, sich als V-Mann deklariert und umfangreich ausgesagt hatte. Als Grund habe er zum einen angegeben, dass er aus der MC-Szene aussteigen wolle. Er hoffe, als Kronzeuge anerkannt zu werden und Strafmilderung, wenn nicht gar Straffreiheit, zu bekommen, wenn er sich und andere belaste. Als zweiter Grund wird an späterer Stelle im Protokoll von Jansens Aussage der Sinneswandel angeführt, der durch die Überdosis Kokain im März 2013 ausgelöst wurde.

Beide Gründe sind nicht ganz unproblematisch. Jansen gab nämlich auch zu Protokoll, dass er mindestens einmal beim Satudarah MC »raus« gewesen sei – was genau er damit meinte, ist unklar, aber er spricht im weiteren Verlauf von einem Wiedereinstieg bei Satudarah. Eine dieser »Auszeiten« fällt praktischerweise in den Zeitraum, in dem der Handgranatenanschlag auf das Hells-Angels-Wettbüro in Krefeld verübte wurde – zu dem Jansen einen persönlichen Bezug haben könnte. Außerdem stellt sich die Frage, warum Jansen überhaupt zurück in den Club kam, wenn er doch der MC-Szene insgesamt den Rücken kehren wollte.

Hinzu kommt, dass Jansen vermutlich schon seit dem Jahreswechsel 2011/12 als V-Mann für die Polizei arbeitete. Er wusste, dass sein Leben in Gefahr war, wenn seine MC-Brüder das herausfinden sollten. Und zwei Jahre später soll ihn ein durch eine Überdosis Kokain verursachter Gesinnungswandel zur Aussage gebracht haben? Er musste von Beginn an auf die Kronzeugenregelung gehofft haben – nicht erst bei seiner Aussage 2014.

Diese Ungereimtheiten fielen mir auf, als ich die Akten las. Keiner der Beamten, die Jansen vernommen hatte, hatte den angeblichen V-Mann gefragt, wer er sei und wer ihn geführt habe. Die Polizisten duzten Jansen, als wäre er ein alter Bekannter. Es schien, als wüssten die Beamten genau, wer Jansen war und warum er aussagte. Und die Nachfragen der Polizei waren so vage, dass unklar blieb, ob Jansen die von ihm beschriebenen Straftaten nur beobachtet oder selbst begangen hatte. Die Staatsanwaltschaft hätte jedoch eigentlich den Auftrag gehabt, alle Fakten zu ermitteln – möglicherweise auch zugunsten der Beschuldigten, also zugunsten von Ali Osman und seinem Vizepräsidenten.

Wurde Christoph Jansen von der Polizei bezahlt, oder war er lediglich ein Informant, den man alle paar Wochen »abschöpfte«? Letzteres erklärten hochrangige Polizeibeamte noch im Februar 2014 und widersprachen damit Jansens Aussage. Welche Version korrekt ist, ist bis heute nicht bekannt. Noch seltsamer wurde die Geschichte durch den Umstand, dass sich zunächst auch Jansens V-Mann-Führer nicht meldete. Sowohl das Landeskriminalamt Nordrhein-Westfalen als auch die Duisburger Polizei gaben an, diesbezüglich keine Informationen zu haben. Der erste von einer V-Person übermittelte Hinweis auf Drogengeschäfte, der die Ermittlungen gegen Satudarah überhaupt erst ins Rollen gebracht hatte, war aus dem Landekriminalamt Niedersachsen gekommen, doch auch dort hatte angeblich niemand etwas mit diesem V-Mann zu tun.

Im Februar 2014 kam nach Berichten des *Spiegel* vom LKA Niedersachsen die Mitteilung, dass man keine eigenständigen Ermittlungen unternommen habe, sondern »lediglich in einem Verfahren der Staatsanwaltschaft Duisburg unterstützend tätig geworden« sei. Vielleicht wurde Jansen zu seinem eigenen Schutz von einer ganz anderen Dienststelle vernommen? Vielleicht hatten die eigentlich Beteiligten die niedersächsischen Kollegen um Hilfe gebeten, damit man Jansens Straftaten getrost ignorieren und einen zuverlässigen V-Mann vor Gericht präsentieren konnte?

Christoph Jansen wurde im Oktober 2014 schließlich beim Landgericht Duisburg angezeigt, der Prozess gegen ihn ist jedoch bis heute nicht eröffnet worden, geplant ist er für 2017. Das Gericht begründete die Verzögerung damit, dass es Haftprüfungstermine gebe, die dringender seien als das Verfahren gegen Jansen. Jansen war zudem die ganze Zeit über im Zeugenschutz. Für ihn bestand keine Gefahr, da seine Ex-Brüder ihn nicht so leicht finden konnten. Jansen würde auch nicht mehr kriminell werden, andernfalls verlöre er seinen Status als Kronzeuge. Er selbst war also nicht in Gefahr, und von ihm ging auch keine akute Gefahr aus. Er würde sich an die Spielregeln halten. Es drängt sich der Eindruck auf, dass niemand großes Interesse daran hat, die Wahrheit um Christoph Jansen aufzuklären. Und anders als in München gab es hier keine Kripobeamten aus einer anderen Stadt, die nicht davor zurückschreckten, gegen die eigenen Kollegen im LKA zu ermitteln.

Auch Christoph Jansen selbst dürfte nicht daran interessiert sein, seinen V-Mann-Führer zu verraten. Jansen hatte zwar nach allem, was er der Polizei gegenüber gestanden hatte, ganz anders als der Münchner V-Mann, nur mit einer relativ geringen Strafe zu rechnen, aber er wusste aus den Belehrungen vor seinen Vernehmungen auch, dass er nicht ungeschoren davonkommen würde: Da er Straftaten begangen hatte, entfiel die Vertraulichkeitsregelung, und er würde wie seine Ex-Brüder zur Verantwortung gezogen werden. Hatte sein V-Mann-Führer ihm zugesichert, dass er straffrei ausgehen würde, wenn er weiterhin Informationen lieferte? Oder dass zumindest seine Haftstrafe kurz ausfallen würde? Erhielt er vielleicht sogar eine finanzielle »Entschädigung« dafür, dass er das Bauernopfer spielte und seinen V-Mann-Führer nicht verriet?

Letzten Endes ließen auch die Anwälte von Ali Osman die Sache auf sich beruhen. Ihr Auftrag war es, vor Gericht das bestmöglichste Ergebnis für ihren Mandanten zu erzielen. Mit der dubiosen Geschichte um den V-Mann Christoph Jansen hatten sie etwas in der Hand, das ihnen beim Erreichen dieses Zieles von Nutzen sein konnte: Nachdem die Staatsanwaltschaft daran interessiert zu sein schien, in Sachen V-Mann nicht allzu genau hinzusehen, konnten die Anwälte nun durchblicken lassen, dass sie ebenfalls gewillt wären, Christoph Jansen zu übersehen – solange das bedeutete, dass ihr Mandant mit einem Urteil rechnen durfte, bei dem er etwas besser wegkam.

In der Folge gab es in Duisburg nur wenige Hauptverhandlungstage, und keine der Parteien – weder der Staat, noch der Angeklagte, noch die Verteidiger – stand in der Öffentlichkeit schlecht da. Zusammen mit dem Umstand, dass die Polizei aufgrund der Observationen von einigen Straftaten gewusst, diese aber nicht verhindert hatte, und der umfassenden Aussage von Ali Osman, der nicht nur bestätigte, was die Polizei bereits wusste, sondern zudem weitere Tatbeteiligte benannte, ergab sich ein vergleichsweise mildes Urteil.

Der Prozess gegen Ali Osman warf also viele Fragen auf, und in Sachen Christoph Jansen scheint niemand zu einem befriedigenden Ergebnis gekommen zu sein. Offenbar ist keiner damit einverstanden, wie mit V-Personen in Deutschland umgegangen wird – doch eine Lösung für das Dilemma scheint es auch nicht zu geben. »V-Leute sind nur dann gute V-Leute, wenn sie völlig skrupellos und durchaus kriminell tätig sind«, bringt einer von Osmans Anwälten die Sache auf den Punkt. »Meine persönliche Meinung ist, dass Jansen das, was ihm vorgeworfen wird, aller Wahrscheinlichkeit nach auch gemacht hat. Jansen hat sicher keine untergeordnete Rolle in dem Rockerclub gespielt, und ich glaube, dass die eine oder andere Straftat sicher nicht stattgefunden hätte, wenn es ihn nicht gegeben hätte. Da bin ich mir persönlich sehr sicher.«

Die Schuld für die gesamte Geschichte sah Osmans Anwalt eindeutig bei den V-Mann-Führern oder -Führerinnen, denn weshalb sollte Jansen sich freiwillig in Gefahr begeben? Er wusste schließlich genau, was für ihn auf dem Spiel stand.

Ali Osmans Anwälte bestätigten: »So etwas macht nur ein V-Mann, der weiß, dass er danach geschützt wird.«

Welche Ausgangssituation dazu führte, dass Christoph Jansen in die Waffen- und Drogendeals des MC verstrickt wurde, ist bis heute nicht bekannt. Die allgemein geäußerte Vermutung lautet, dass die Polizei etwas gegen ihn in der Hand hatte – irgendeine große Sache, für die Jansen mehrere Jahre Gefängnis bekommen hätte. Wenn sie sich auf diese Weise Jansens Kooperation gesichert hätte, käme das einer Erpressung durch den Staat ziemlich nahe. Vielleicht gab es auch einen sehr viel banaleren Grund für Jansens Zusammenarbeit mit der Polizei: Geld. V-Männer können regelmäßig bezahlt werden, es gibt angeblich sogar eine Tabelle, die regelt, wer wieviel wofür bekommt – alles intern und nur für den Dienstgebrauch, versteht sich.

Für Ali Osman würde eine Aufklärung der Geschichte um Christoph Jansen keine Rolle spielen – zumindest nicht in juristischem Sinne. Völlig unabhängig von einem V-Mann-Skandal wurde mit Osman, wie gesagt, sicherlich kein Unschuldiger verurteilt, auch wenn der ehemalige Rockerboss immer wieder betonte, dass er sich »nur« gegen die Hells Angels verteidigen wollte, dass er die Waffen »nur« zum Schutz gebraucht und die Drogen »nur« zum Eigenkonsum besessen hatte. Nur, wenn man nachweisen könnte, dass der V-Mann Christoph Jansen Ali Osman dazu angestiftet hat, Waffen und Drogen einzuführen, hätte dies Auswirkungen auf das Urteil gegen Osman. Da Osman in seinem Geständnis jedoch offenbarte, wer die Drogen aus den Niederlanden für ihn in Deutschland verkaufte, und zugab, mit 40 Prozent am Gewinn aus diesen Geschäften beteiligt gewesen zu sein, ist diese Möglichkeit weitestgehend auszuschließen.

Die Aufklärung der Taten Jansens ist jedoch nicht nur juristische, sondern auch gesellschaftspolitische Pflicht. Die Münchner V-Mann-Affäre zeigt ebenso wie Jansens Einsatz beim Satudarah MC und der Einsatz von V-Personen beim NSU, dass im Umgang mit V-Personen ein Umdenken stattfinden muss.

KAPITEL 10

WAS WURDE AUS CHRISTOPH JANSEN?

Zuletzt wirkte sich zugunsten des Angeklagten aus, dass die Taten II.1., 2. und 6. jeweils unter akustischer und technischer Überwachung der Polizei stattfanden und daher die Einfuhr und das In-Verkehr-Gelangen des Marihuanas, des Kokains und des Amphetamins zu verhindern gewesen wäre.

---

aus dem Urteil des Landgericht Duisburgs gegen Ali Osman vom 23.01.2014

Seit seiner Vernehmung im August 2013 befindet sich der V-Mann Christoph Jansen im Zeugenschutzprogramm. Erst über ein Jahr später, im Oktober 2014, wurde vor dem Landgericht Duisburg Anklage gegen ihn erhoben. Der Innenminister des Landes Nordrhein-Westfalen, Ralf Jäger, hatte dem Innenausschuss des Landtages im selben Monat erklärt, dass er keine Fragen zu diesem Fall beantworten werde – aus Gründen des Vertrauensschutzes, immerhin würde Jansen in Gefahr schweben, wenn bekannt würde, dass er der Spitzel sei. Jäger stufte den ganzen Fall als geheim ein und erklärte, dass der Schutz der Vertraulichkeit von Informanten wie Jansen, die für die polizeilichen Ermittlungen gerade beim organisierten Verbrechen unerlässlich seien, von höchster Wichtigkeit sei. Dass sich Jansens Idendität inzwischen in der MC-Szene herumgesprochen hatte, schien der Minister nicht zu wissen – oder nicht wissen zu wollen?

Der Fall Jansen hatte nun endlich auch eine Resonanz in der Politik erzeugt, denn ein CDU-Abgeordneter begann, massiv auf Aufklärung zu drängen. Bisher hatte sich in der Politik niemand, nicht einmal die Opposition, für diesen Fall interessiert. Dabei barg er einigen Sprengstoff, der gegen die Amtsinhaber hätte verwendet werden können, doch alle Politiker schienen die geöffnete Munitionskiste geflissentlich zu übersehen. Merkwürdig – in München hatte es nicht lange gedauert, bis der Skandal auch die politische Ebene erreicht hatte.

Auch der Duisburger CDU-Abgeordnete musste schnell feststellen, dass er sich an diesem Fall wahrscheinlich die Zähne ausbeißen würde. In einem Interview gab er bekannt, dass ihm wohl nichts anderes übrig bleibe, als auf den Prozess gegen den V-Mann zu warten.

Christoph Jansen wurde inzwischen bei anderen Prozessen gegen seine Ex-Brüder als Zeuge eingesetzt. 2014 sagte er im Prozess gegen Jonas Sandberg aus, dem vorgeworfen wurde, zwei Männer mit einer Schusswaffe bedroht zu haben. Dabei war es offenbar um Geld gegangen. Sandbergs Harley-Davidson war – möglicherweise von den Hells Angels – angezündet worden, und Sandberg hatte einem Satudarah-Prospect den Auftrag gegeben, die Maschine für über 2000 Euro zu reparieren. Der Prospect, der sich zum Zeitpunkt der Gerichtsverhandlung bereits im Zeugenschutzprogramm befand, hatte das Geld offenbar einfach eingesteckt und das Motorrad nicht repariert. Das Geld soll er für Drogen und Prostituierte ausgegeben haben.

Sandberg wollte den Prospect zur Rede stellen. Er drang in dessen Wohnung ein und fand dort zwei junge Männer, darunter der Stiefsohn des Prospects, vor. Von dem Gesuchten fehlte jede Spur, und die beiden Männer verrieten ihm nicht, wo er war. Sandberg bedrohte sie mit einer Waffe und nahm ihre Handys und ein Tablet an sich – angeblich, um einen Teil seines Geldverlustes auszugleichen. Jansen sagte aus, Sandberg habe ihm gegenüber mit seiner Tat angegeben und erzählt, dass die Männer in der Wohnung vor Angst regelrecht geschlottert hätten. Diese Schilderung scheint nicht übertrieben gewesen zu sein: Als die Männer vor Gericht als Zeugen befragt wurden, hatten sie plötzlich Erinnerungslücken und waren offenbar nicht willens, irgendetwas aufzuklären oder gar jemanden zu belasten.

Ali Osman wiederum erzählte mir eine ganz andere Version dieser Geschichte. Ihm zufolge stand der Prospect im Verdacht, pädophil zu sein und Kinder missbraucht zu haben. Deshalb sei er schon von einigen Clubs rausgeworfen worden. Angeblich lockte der Prospect Jugendliche mit Drogen in seine Wohnung, verabreichte ihnen K.o.-Tropfen oder zwang sie mit einer Pistole, die der Prospect nach Angaben Sandbergs Christoph Jansen geklaut hatte, zum Sex. Sandberg hatte sich der Sache annehmen wollen, den Prospect aber nicht angetroffen. Das Tablet habe Sandberg mitgenommen, weil der mutmaßliche Kinderschänder dort angeblich Videos seiner Handlungen abgespeichert hatte.

Da Jonas Sandberg vorbestraft war und eine Waffe bei sich gehabt hatte, wurde er zu knapp sieben Jahren Haft verurteilt. Seine Freundin erzählte mir später, dass auch Sandberg V-Mann für die Polizei in Duisburg gewesen sei, und Sandberg bestätigte mir das handschriftlich. Er habe für seine Dienste unter anderem 2 500 Euro erhalten und damit den Prospect für die Reparatur seines Motorrads bezahlt. Sandbergs Freundin erzählte auch, dass weder sie noch Sandberg Jansen leiden konnten und dass sie beide wussten, dass dieser mit Drogen gehandelt hatte. Doch auch wenn Sandberg Jansen unsympathisch fand, sei er nie auf die Idee gekommen, dass Jansen ein V-Mann war.

Im September 2014 trat Jansen in einem weiteren Prozess gegen Ali Osman als Zeuge auf. Osman wurde räuberische Erpressung vorgeworfen. Der Satudarah MC hatte eine Tabledance-Bar in Recklinghausen übernommen und dort Drogen verkauft. Es hieß, der Inhaber sei durch massive Drohungen und schwere Körperverletzung »überredet«

worden, die Rocker an seinem Geschäft zu beteiligen. Ali Osman wurde zu weiteren zweieinhalb Jahren verurteilt. Er selbst sagte aus, sich wegen seines gewaltigen Kokainkonsums nicht mehr an die Sache erinnern zu können. Jansen wurde von mehreren Polizisten in den Gerichtssaal begleitet und belastete einen weiteren seiner ehemaligen Brüder, der als Drogendealer angeklagt war, schwer. Er betonte, dass er in seiner damaligen Position als Sicherheitschef nach innen und außen keine andere Wahl gehabt habe, als sich auf solche Geschäfte einzulassen. Er habe Drogenverkäufer und Kunden zusammengebracht, weil er seine Stellung innerhalb des Clubs nicht gefährden wollte. Nach dem Gerichtstermin verschwand Jansen unter Polizeischutz wieder zurück in den Zeugenschutz. Einen Monat später folgte die Anklage gegen ihn selbst, seither ist es ruhig um den ehemaligen V-Mann geworden.

Die Tatsache, dass Christoph Jansen wie seine Ex-Brüder Ali Osman und der Vizepräsident Satudarahs vor dem Landgericht Duisburg angeklagt wurde, zeigt, dass sein Fall ganz ähnlich gewichtet wird. Laut dem Landgericht muss er sich für die Anstiftung und Beihilfe zur unerlaubten Einfuhr von Betäubungsmitteln in nicht geringer Menge sowie für unerlaubtes Handeltreiben mit diesen Betäubungsmitteln verantworten. Dabei handelt es sich um die Tat vom 13. Mai 2012, für die Ali Osman als Organisator verurteilt wurde. Jansen hatte in seiner Aussage gegen Osman den Tathergang geschildert: Der Kurierfahrer, der ja vor Osman im Zusammenhang mit anderen Drogendelikten in Gewahrsam genommen worden war, hatte berichtet, dass Jansen zwar dabei gewesen war, sich aber zurückgehalten hatte. Das war Jansen auch möglich, denn als Nummer Drei in der Clubhierarchie war er dem Kurierfahrer und dessen Begleiter gegenüber sozusagen weisungsbefugt, und die beiden taten, was er ihnen aufgetragen hatte. Die Drogen, etwa 800 Gramm Kokain und zehn Kilogramm Marihuana, waren, so die Aussage, in Holland bei dem Lieferanten direkt bezahlt und dann mit zwei Autos über die Grenze gebracht worden.

In Deutschland habe man die Drogen aufgeteilt: Mit einem Drittel der Menge habe Jansen selbst gehandelt, der Rest sei in Jansens Namen von dem Fahrer und seinem Begleiter weiterverkauft worden. In einem anderen Fall habe Jansen seine Wohnung als Drogenumschlagplatz zur Verfügung gestellt, die Drogen seien jedoch nicht von ihm selbst weiterverkauft worden. Das wird heute wohl nicht mehr zweifelsfrei nachzuprüfen sein.

Der zweite große Anklagepunkt war Jansens Verstoß gegen das Kriegswaffenkontrollgesetz: Es handelt sich um die Škorpion-Maschinenpistolen, die Jansen an dem Tag, an dem auch ich in Tilburg war, von den Holländern bekommen hatte. Jansen muss die Waffen direkt vor meiner Nase in das Auto eines anderen Satudarah-Members geladen haben, denn er selbst hat sich der Gefahr, bei der Einfuhr erwischt zu werden, sicherlich nicht ausgesetzt. Wie beim Drogenschmuggel fuhr die Gruppe dann getrennt über die Grenze, um nicht aufzufallen. Weder mein Team noch ich hatten etwas von dieser Aktion bemerkt. Wir waren komplett ahnungslos, bis die Geschichte ans Licht kam. Hat Christoph Jansen die Maschinenpistolen vor oder nach unserem so normal anmutenden Gespräch verladen? Diese Frage geht mir seitdem nicht mehr aus dem Kopf.

Es war ein eigenartiges Gefühl, als ich hinterher von dem Waffendeal erfuhr. Keiner der Männer, die ich in Tilburg getroffen hatte, hatte nervös gewirkt oder auch nur eine Miene verzogen, obwohl sozusagen vor laufenden Kameras ein durchaus riskantes Geschäft abgewickelt wurde. Die Satudarah-Männer hatten das alles an diesem Tag mit Sicherheit nicht zum ersten Mal getan – anders ist ihre Abgebrühtheit nicht zu erklären. Diese Leute hätten hinter meinem Rücken noch ganz andere Dinge tun können, und ich hätte rein gar nichts davon bemerkt.

Von der Kalaschnikow, die nur wenige Wochen später angeblich auf Jansens Betreiben hin eingeführt worden war und wegen der zwei andere Satudarah-Mitglieder vom SEK verhaftet worden waren, war in der Anklage allerdings keine Rede mehr. Das wunderte mich sehr, schließlich hatte Ali Osman in seinem Geständnis Jansen auch mit dieser Tat eindeutig in Verbindung gebracht.

Christoph Jansen hatte als Waffenmeister dafür Sorge getragen, dass alle Satudarah-Mitglieder in Duisburg bewaffnet waren. Jeder, so hatte Ali Osman gesagt, sollte in der Lage sein, sich gegen die Hells Angels zu verteidigen. Es ist also sehr wahrscheinlich, dass Jansen noch in weiteren Fällen direkt oder indirekt mit der illegalen Einfuhr von Waffen aus Holland zu tun hatte. Ein ehemaliger Satudarah-Prospect gab an, dass man die Waffen aus Holland nicht bezahlt habe. Das sei Club-Sache gewesen.

Wie mir das Landgericht Duisburg bestätigte, dürfte sich die Tatsache, dass Jansen bereits im August 2013 gegen Ali Osman und andere Mitglieder des Satudarah MC ausgesagt hat, positiv auf sein Urteil auswirken: Aufgrund seiner umfassenden Aussage kam für ihn die Kronzeugenregelung infrage und das Strafgesetzbuch sieht für solche Fälle eine zwingende Honorierung seiner Aussage vor. Hat jemand der Polizei freiwillig Informationen gegeben, die sie verwenden konnte, muss das laut Paragraph 46b des StGB beim Prozess berücksichtigt werden. Die vorzuschlagende Milderung beträgt in der Regel ein Drittel der verhängten Strafe.

Jansen wäre bei einem Prozess gegen ihn also in einer sehr komfortablen Ausgangslage. Trotz der vielen Straftaten, mit denen er sowohl von der Polizei als auch durch Osmans Geständnis in Verbindung gebracht wird, kann er mit dem Wohlwollen des Gerichts rechnen – zumal es sich bei diesen Straftaten seiner eigenen Aussage nach zumeist »nur« um Beihilfe handelte. Inwieweit Jansens Aussagen der Wahrheit entsprechen, wird wohl in einigen Fällen nicht mehr nachzuprüfen sein. Wer hätte daran auch Interesse? Christoph Jansen sicherlich ebenso wenig wie sein V-Mann-Führer.

Selbst wenn Jansen im Auftrag der Polizei Straftaten beging, würde das bei einem Prozess gegen ihn keine große Rolle spielen. Straftat ist Straftat, egal ob im Auftrag begangen oder nicht. Die umfassende Aufklärungsarbeit, die Bedingung für ein mildes Urteil ist, hat Jansen bereits geleistet. Die Einzigen, die bei weiteren Nachforschungen seitens der Behörden etwas zu verlieren hätten, wären die Polizisten, die Jansen geführt haben. Bei ihnen würde es im Falle einer Anklage um Strafvereitelung im Amt, Beihilfe durch Unterlassen und Beihilfestrafbarkeit gehen. Eine Anklage würde jedoch voraussetzen, dass Jansen aussagt, von der Polizei beauftragt worden zu sein. Doch warum sollte er das tun? Es würde ihm keinen Vorteil bringen.

Es ist durchaus positiv zu werten, dass Jansen überhaupt angeklagt wurde. Für 2016 hatte das Landgericht einen Verhandlungsbeginn jedoch aufgrund der zahlreichen anstehenden Haftprüfungsverfahren ausgeschlossen, geplant ist er nun für 1017.

Haftprüfungsverfahren sind nicht unwichtig, wie man auch am Beispiel Ali Osmans sehen kann. Dabei wird entschieden, ob eine Untersuchungshaft verlängert wird oder nicht. Die Gerichte sind bei der Durchführung zeitlich gebunden. Allerdings wäre das Verfahren gegen Jansen nicht sonderlich aufwändig. Neben seinen eigenen Aussagen als V-Mann liegt das Geständnis von Ali Osman vor, das Jansen belastet. Der Polizei dürften aufgrund der Telefonüberwachung und der Observierung genug Beweise vorliegen. Die Strafmilderung ist ihm ebenfalls sicher. Länger als vier Verhandlungstage dürfte der Prozess gegen Jansen nicht dauern. Wahrscheinlich würden sogar zwei Prozesstage ausreichen.

Da sich Christoph Jansen im Zeugenschutzprogramm befindet, gehe derzeit keine Gefahr von ihm aus und deshalb sei der Prozess gegen ihn weniger eilig als andere Haftprüfungsverfahren, die zu einem bestimmten Termin abgearbeitet werden müssen, teilte mir das Landgericht Duisburg auf meine Anfrage hin mit. Deshalb müsse man abwarten, bis sich eine größere Verhandlungslücke ergibt.

Inzwischen zweifle ich daran, dass dieser Fall jemals wirklich aufgeklärt werden wird. Es hätte, wie gesagt, niemand Interesse daran. Die Polizei nicht, denn es könnte herauskommen, dass sie nicht nur wusste, was Christoph Jansen tat, sondern diesen sogar anleitete. Die Staatsanwaltschaft nicht, denn sie müsste gegen die Polizei, also quasi gegen die »Kollegen« ermitteln. Zudem: Wer würde schon einen handfesten V-Mann-Skandal wie in München wollen? Für die Anwälte von Ali Osman wäre eine Aufklärung uninteressant, denn für ihren Mandanten würde sich nichts ändern. Auch Jansen selbst dürfte kein Interesse daran haben, in dieser Sache Licht ins Dunkel zu bringen.

Die Einzigen, die wirklich interessiert, was von 2012 bis Anfang 2014 in Duisburg passiert ist und welche Rolle die Polizei dabei gespielt hat, sind die vielbeschworenen Bürger. Meine Recherchen haben ein Bild von der Polizei und deren Arbeit ergeben, das gravierend von der allgemeinen Vorstellung abweicht. Polizisten und Ermittler, die nicht vor der Anstiftung zu Straftaten zurückzuschrecken scheinen, kommen offenbar ungeschoren davon – das klingt nach dem Material, aus dem Hollywoods Justizthriller sind, und ist äußerst erschreckend.

Im Laufe meiner Recherchen ist mir aber auch klar geworden, dass die Polizei und die Staatsanwaltschaft nicht allein an Fällen wie dem Christoph Jansens »schuld« sind. Es sind Gesetze, die ihnen ein solches Vorgehen bei den Ermittlungen überhaupt erst erlauben. Es ist das V-Mann-System an sich, das den Straftäter Christoph Jansen ebenso schützt wie die Polizeibeamten, die ihn geführt haben. Die Medien sorgen dafür, dass der vermeintlich errungene Sieg gegen das

Verbrechen als solcher dargestellt wird. Mit eingängigen Schlagzeilen wie »Rocker-Ali muss in den Knast!« lenken sie von den Hintergründen ab, die unangenehme Konsequenzen für die Obrigkeit haben könnten. Unnachgiebige Medienvertreter hingegen, die immer wieder Fragen zu solch heiklen Themen stellen und mit Verbrechern wie mit Anwälten sprechen, stoßen bei ihren Recherchen schnell auf ein unüberwindbares Hindernis: Schweigen. Diejenigen, die in der Angelegenheit Christoph Jansen Licht ins Dunkel hätten bringen können – Polizeidienststellen und Staatsanwälte – wollten nicht mit mir reden. Einzig Ali Osman war bereit, mir seine Version der Ereignisse zu erzählen. Wie ich immer wieder betonen möchte, ist seine Darstellung aber verständlicherweise stark subjektiv gefärbt.

Was bleibt, ist eine fast unglaubliche Geschichte um einen dubiosen V-Mann, die mehr Fragen aufwirft als Antworten liefert.

36

Landeskriminalamt Niedersachsen
Dezernat 24/VP
Tgb.Nr.: 2-24-63/12

Hannover, den 19.03.2012

Achtung!
Verwendung in Gerichts- oder Kriminalakten gefährdet Leib und Leben des Hinweisgebers!

VS-Nur für den Dienstgebrauch

Eingang: 21.03.2012 KK21

Quellenvernehmung

Vertrauensperson

Vernehmungsniederschrift

Beginn der Vernehmung:	10:00	Uhr
Ende der Vernehmung:	10:30	Uhr

Aufgesucht wurde die VP I/230.

Ihr wird eröffnet, dass sie als Zeuge vernommen werden soll.

Vor Beginn der Vernehmung wurde die Person eingehend über ihre Rechte und Pflichten als Zeuge belehrt und zur Wahrheit ermahnt. Insbesondere wurde die Person darauf hingewiesen, dass Ihr bei Angaben zu Verwandten ein Aussageverweigerungsrecht /Zeugnisverweigerungsrecht (§§ 52,55 StPO) zusteht. Die einschlägigen Vorschriften wurden ihr eingehend erläutert.

Der Person wurde die Geheimhaltung durch die Staatsanwaltschaft Duisburg und Herrn [geschwärzt] KK 2, PP Duisburg zugesichert.
Sie macht keine Angaben zur Person.

Zur Sache:

„Ich habe die Belehrung verstanden, sie ist mir aus den vorherigen Vernehmungen auch noch gut in Erinnerung. Mit dem Beschuldigten / Betroffenen bin ich nicht verwandt.

Ich möchte weiter Angaben zu der Person [geschwärzt] machen. Ich habe erfahren, dass [geschwärzt] aktuell wieder über eine andere Mobilfunknummer zu erreichen ist. Diese lautet: [geschwärzt] Die Nummer [geschwärzt] nutzt er nicht mehr. [geschwärzt] wechselt seine Nummer häufig, da er glaubt, dass die Polizei ihn so nicht abhören kann. Er geht auch weiter seinen Drogengeschäften nach, indem er im Kilogrammbereich mit Marihuana und Speed Handel treibt."

DirK / KK 22 / VP-Führung **Duisburg, den 21.06.2012** 00130
Tgb.Nr. 132 / 2011 (KK 22 intern)

Belehrung zur Quellenvernehmung

Eine dem unterzeichnenden Polizeibeamten persönlich bekannte Person, der mit Einwilligung der Staatsanwaltschaft Duisburg die Vertraulichkeit zugesichert wurde, im Folgenden

Informant 01

genannt, erklärt folgendes:

1.
Ich bin darauf hingewiesen worden, dass ich mich strafbar mache, wenn ich durch wissentlich falsche Angaben absichtlich einen anderen zu unrecht verdächtige (§ 164 StGB), die Bestrafung eines anderen vereitle (§ 258 StGB) oder einen anderen begünstige (§ 257 StGB).

2.
Ich wurde ausführlich darüber belehrt,

- dass die Zusage zur Vertraulichkeit entfällt, wenn ich selbst mit den Tätern Straftaten begehe,
- dass ich keine Handlungen vornehmen darf, die nur Polizeibeamten vorbehalten sind,

3.
Weiterhin wurde ich darauf hingewiesen, dass die gemachte Zusage der Vertraulichkeit nur der Polizei und der Staatsanwaltschaft gegenüber bindend ist.

Sollte meine Identität durch die Täter oder deren Rechtsanwälte ermittelt werden, muss ich damit rechnen, durch das Gericht als Zeuge vernommen zu werden.

Die Belehrung wurde dem Informanten nochmals durch den unterzeichnenden Beamten erläutert und von diesem verstanden.

Für die Richtigkeit :

00131

Quellenvernehmung vom 21.06.2012 **Blatt - 2 -**

Vernehmung des **Informanten 01** zur Sache:

„Ich habe die Belehrung verstanden. Ich werde wahrheitsgemäße Angaben machen.

Aus meinem Umfeld habe ich erfahren, dass jede Woche, freitags, 100 kg Marihuana von Holland nach Duisburg geliefert werden.
Die Lieferanten kenne ich nicht und habe sie auch noch nie gesehen.
In Duisburg-Rheinhausen wird die Menge an verschiedene Abnehmer verteilt.
Einer der Abnehmer ist der mir persönlich bekannte

der jedes Mal 15 kg Marihuana erhält und es zu einem Lokal nach bringt.
Von dort wird es in seinem Auftrag weiter verkauft.
Fast jeden Abend lässt sich mit dem Pkw einer mir unbekannten Person, amtliches Kennzeichen

zu dem Lokal fahren um den Verkaufserlös zu kassieren.
hat die Telefonnummer

er hat enge Kontakte zu einem aus und zur dort ansässigen Rockergruppe."

Für die Richtigkeit:

KAPITEL 11

LETZTE MELDUNGEN

Niemand hat damit gerechnet, dass ich mit Udo Müller von stern TV *rede. Meine Aussage hat den Plan der Behörden zunichte gemacht. Die haben nicht das Filet, sondern die Rippe bekommen.*

Ali Osman

Nach der Verhaftung von Ali Osman wurde es schlagartig ruhiger in Duisburg. Der »Rockerkrieg« schien vorbei zu sein und der Satudarah MC keine Rolle mehr zu spielen. Ali Osman vermutete, dass diese Entwicklung vor allem mit seiner Person zu tun hatte. Es sei immer auch eine persönliche Sache gewesen. Vielleicht hatten ihm die Holländer auch nicht helfen wollen, weil sie dachten, Osman sei zu mächtig geworden. Ob das alles so stimmt, wie Ali Osman es sich erklärt, sei dahingestellt. Ich kann mir alle möglichen Erklärungen und Szenarien gut vorstellen, die alle gleichermaßen plausibel klingen. Sicher ist, dass das Kuttenverbot, das Nordrhein-Westfalens Innenminister Jäger kurz vor dem Prozessbeginn gegen Ali Osman verhängt hatte, definitiv Wirkung gezeigt hat.

Bis zum April 2014 hatte der Satudarah MC mehrere Chapter auf deutschem Boden eröffnet. Die Expansionsbemühungen kamen zu einem abrupten Ende, als der Deutschland-Chef des MC verhaftet worden war. Die Satudarah-Mitglieder waren von den Ereignissen völlig überrumpelt worden, und schnell ging es nicht mehr um Ausbreitung, sondern um Absicherung des Status quo und insbesondere den Erhalt des Duisburger Chapters. Ali Osman war zunächst gewillt, seinen Beitrag dazu zu leisten. Er bot den Holländern an, dass sie das Duisburger Clubhaus, dessen Eigentümer er war, weiterhin nutzen konnten – sie sollten allerdings monatlich Miete zahlen. Ali Osman zufolge nahm Satudarah das Angebot an, zahlte für das Clubhaus jedoch keinen Cent Miete. Osman ließ das Haus deshalb irgendwann räumen und übergab die Schlüssel einem seiner Anwälte.

Der Duisburger Satudarah MC mietete daraufhin ein kleines Ladengeschäft in Rheinhausen und nutzte es als Clubhaus. Die wenigen Mitglieder, die in Duisburg noch auf freiem Fuß waren, versuchten, das Chapter wiederaufzubauen, hatten damit jedoch wenig Erfolg. Nach Osman wechselten die Präsidenten fast monatlich. Diese versuchten noch eine Weile, in anderen Städten Fuß zu fassen, doch auch das gelang nicht. Um die bereits unter Osman gegründeten Chapter wurde es immer ruhiger, teils weil sich die Mitglieder zurückzogen, teils weil weitere Verhaftungen und in der Folge etliche Prozesse stattfanden.

Am 24. Februar 2015 sprach Bundesinnenminister Thomas de Maizière ein bundesweites Verbot gegen den Satudarah MC und seine Teilorganisationen aus, weil »von dem Verein eine schwerwiegende Gefährdung für individuelle Rechtsgüter und die Allgemeinheit ausgeht«, so eine Sprecherin des Ministeriums. Um das Verbot umzusetzen, fanden noch am selben Tag in Nordrhein-Westfalen, Bayern, Baden-Württemberg, Niedersachsen und Bremen Razzien in den Clubhäusern und den Wohnungen von einigen Satudarah-Mitgliedern statten. Die Polizisten fanden Macheten, Schwerter, Drogen und Munition. Vereinsvermögen wurde beschlagnahmt, die großen Wandbilder und Flaggen mit dem doppelköpfigen Indianer abtransportiert. Auch die Kutten nahm die Polizei mit.

Die Niederländer klagten gegen das Verbot, hatten damit jedoch keinen Erfolg: Am 18. November 2016 wies das Bundesverwaltungsgericht in Leipzig die Klage der Nationals ab. Bis heute sind der Satudarah MC und alle seine Teilorganisationen in ganz Deutschland verboten, und daran wird sich so schnell nichts ändern. In Holland sieht es anders aus. Dort ist der Satudarah MC nach wie vor präsent und aktiv – und sorgt immer wieder für Schlagzeilen. Die Homepage des Clubs spricht eine deutliche Sprache: Wir sind überall, und wir gehen nicht mehr weg.

Nach einem zweiten Prozess im Mai 2015, in dem er wegen räuberischer Erpressung zu weiteren zweieinhalb Jahren Haft verurteilt wurde, durfte Ali Osman weiterhin in einer Entziehungsanstalt bleiben, da der Richter feststellte, dass die Therapie bei ihm gute Fortschritte erbracht habe.

Ali Osman – oder besser gesagt: Yildiray Kaymaz – wird spätestens 2018 aus der Haft entlassen werden, sofern er nicht schon vorher in den offenen Vollzug wechseln kann. Nach seiner Aussage hatte er mit dem Gedanken gespielt, ins Zeugenschutzprogramm zu gehen – die Morddrohungen, die sich gegen ihn richteten, hätten diesen Schritt sicherlich gerechtfertigt. Letztlich hat er es sich offenbar anders überlegt. Yildiray Kaymaz will nicht einfach von der Bildfläche verschwinden. Seiner Meinung nach hat er nichts falsch gemacht – zumindest nicht, was die Ereignisse nach seiner Verhaftung anbelangt. Er habe das getan, was richtig gewesen sei. Die Brüder, die er verraten habe, hätten ihn zuvor verraten. Er habe sich nichts vorzuwerfen, schon gar nicht, gegen die Kodex der Rocker verstoßen zu haben: »Es gibt keinen Kodex. Ich habe mich immer an den Kodex gehalten, und was hat er mir gebracht? Meine eigenen Männer haben mich verraten. Scheiß auf den Kodex! Würde es einen geben, würde ich heute nicht im Gefängnis sitzen!«

Nach Rheinhausen will Yildiray Kaymaz nicht zurückkehren, zumindest nicht auf Dauer. Er will sich aber auch nicht verstecken oder auch nur den Anschein erwecken, vor irgendwem Angst zu haben. Jeder, so sagte er mir, solle die Gelegenheit bekommen, seine Drohungen in die Tat umzusetzen.

»Und wenn dann da nichts passiert, dann werde ich mich umdrehen und meinen Weg gehen. Ich werde immer noch da sein, aber eben nicht mehr in Rheinhausen. Ich habe mich meiner alten Club-Familie angeschlossen und bin nun der Präsident meiner Frau und meiner Kinder – den wichtigsten und wertvollsten Mitgliedern in meinem Leben.«

In einem Interview fragte ich Kaymaz, ob er sich das Satudarah-Tattoo, das er sich am Hals hatte stechen lassen, entfernen lassen würde. Er antwortete:

»Ich bin da noch im Zwiespalt, weil einerseits will ich das übertätowieren lassen, aber andererseits will ich das auch behalten, als Mahnmal und so, damit mich das immer an genau diese Momente und diese Zeit erinnert, damit ich nicht eventuell wieder rückfällig werde und wieder an die Scheiße von wegen ›Bruderschaft‹ und so glaube.«

Ich bin der Meinung, dass Yildiray Kaymaz nach seiner Entlassung seinen Weg gehen wird. Vielleicht kauft er sich sogar eines Tages wieder ein Motorrad.

Jonas Sandberg wird wohl noch bis 2022 im Gefängnis sitzen. Ob auch er tatsächlich V-Mann war, weiß ich nicht mit Bestimmtheit. Meine Anfrage dazu läuft noch. Gegen den Prospect, der Sandbergs Harley-Davidson reparieren sollte, wird inzwischen wegen Kindesmissbrauchs ermittelt. Heißt das, dass die Geschichte, die Ali Osman über den Prospect erzählte und der sich Jonas Sandberg später anschloss, stimmt? Auch darauf gab es im Dezember 2016, als ich die Arbeit an diesem Buch abschloss, noch keine Antwort.

Der Münchner V-Mann-Skandal schlägt weiterhin immer höhere Wellen. Jede Woche gibt es neue Schlagzeilen zu diesem Fall, die nahelegen, dass alles ein abgekartetes Spiel sei. Im November 2016 durchsuchte die Staatsanwaltschaft die Zentrale des Landeskriminalamtes in München. An diesem Fall besonders pikant ist einerseits die Verbindung zu einem bayerischen Staatsekretär, der die Akten für geheim erklärt hatte, und andererseits der Umstand, dass einer der Polizeibeamten, die im Verdacht stehen, den V-Mann zu Straftaten angestiftet zu haben, der Leiter der Sonderkommission zur Aufarbeitung des Oktoberfest-Attentats von 1980 war. Dieser Beamte ist inzwischen nicht mehr im Dienst. Immerhin: In Bayern scheint man bei der Aufklärung einen guten Schritt weiter zu sein als in Nordrhein-Westfalen – aber das ist nur einem glücklichen Zufall und der Hartnäckigkeit von einigen Polizisten aus Würzburg, Regensburg und Nürnberg zu verdanken.

Onepercenter-MCs und Kriminalität im Rockermilieu wird es immer geben. Sobald der Staat einen MC (oder auch nur einzelne Chapter oder Charter) verbietet, tritt ein anderer an dessen Stelle und füllt das Machtvakuum im Milieu. Das Motorradfahren an sich ist inzwischen zur Nebensache geworden. Es etablieren sich immer mehr Vereine, die ähnlich strukturiert sind wie die MCs, und drängen zusätzlich auf den Markt. Sie übernehmen das Erscheinungsbild der Rocker – inklusive Kutte, aber ohne Harleys. Einer dieser rockerähnlichen Clubs ist der Ende 2014 in Frankfurt gegründete Osmanen Germania Boxclub. Die beiden Gründungspräsidenten stammen aus der Türkei. Einer von ihnen war Boxer, der andere hatte einmal den Hells Angels angehört.

In einem offiziellen Rap-Video des Boxclubs vom September 2015, das man auf dessen Facebook-Seite ansehen kann, sieht man muskulöse Männer mit vermummten Gesichtern, die sich auf den ersten Blick nicht von Motorradrockern unterscheiden. Sie tragen Kutten mit Patches und geben sich genauso martialisch. »Wir kommen und übernehmen das ganze Land«, sagt eine tiefe, hallende Stimme, während immer wieder zwischen den mit Schusswaffen posierenden Muskelprotzen und wilden Reiterhorden hin und her geschnitten wird. Mit dieser Behauptung schien der anonyme Sprecher im Video recht behalten zu haben: Die Osmanen fanden rasend schnell Zulauf, bereits ein Jahr nach der Gründung besaßen sie 20 Chapter in ganz Deutschland, acht davon in Nordrhein-Westfalen. Inzwischen ist der Club in ganz Europa verbreitet und hat eigenen Angaben zufolge weltweit über 3000 Mitglieder. »Eine besondere Affinität zum Boxsport« konnte vom Niedersächsischen Landtag in einem Bericht im Februar 2016 allerdings »nicht beobachtet werden«.

Tatsächlich scheint die Beziehung zum Boxen beim Osmanen Germania BC dieselbe zu sein wie die der Outlaw-MCs zu ihren Motorrädern: reine Fassade, die das verbirgt, was im

Hintergrund abläuft. Die Osmanen Germania geben sich in der Öffentlichkeit als Wohltätigkeitsverein, der Jugendliche von der Straße holt und ihnen durch körperliches Training und vorgelebte Brüderlichkeit eine Perspektive im Leben gibt. Doch wie die Motorradclubs auch drangen die Boxclubs – neben den Osmanen Germania gibt es noch weitere Organisationen ähnlicher Größe und Struktur – in die Türsteherszene vor, besonders im Rotlichtmilieu. Damit riefen sie die MC-»Platzhirsche« auf den Plan.

Mit den Hells Angels schien es zuerst keine Probleme zu geben. Alle Motorradclubs, auch die Hells Angels, hatten schon vor einigen Jahren zugelassen, dass Männer mit Migrationshintergrund beitraten. Auf diese Weise wollten die Clubs, die traditionell von Weißen beherrscht worden waren, sicherstellen, dass sie trotz des Rockerkrieges konstant Zulauf erhielten. Doch mit der Zeit mussten viele Charter und Chapter feststellen, dass sie sich damit auch Angehörige von Verbrecher-Großfamilien aus dem Balkan und Anatolien ins Haus geholt hatten, die ihre eigene Agenda verfolgten, ihre eigenen Feind- und Freundschaften pflegten und sich mitunter keinen Deut um die Belange der MCs scherten.

Die Osmanen Germania standen vor allem dem türkischen Nomads-Charter der Hells Angels, das von einem international gesuchten Verbrecher von der Türkei aus geleitet wird, nahe. Die Boxer versuchen, die deutschen Rocker aus dem Geschäft zu drängen, auch innerhalb der eigenen Reihen. Die Angels-Charter, die sich nach wie vor aus überwiegend deutschen Membern zusammensetzen, lassen sich das jedoch nicht ohne weiteres gefallen. Sie gehen inzwischen gegen die Osmanen Germania vor, untersagen ihren Mitgliedern, Kontakte mit dem BC zu unterhalten, und verübten mehrere Anschläge auf Clubs und Mitglieder, die ihnen mit gleicher Münze von den »Boxern« zurückgezahlt wurden.

Die Loyalität der Mitglieder zu ihren Motorrad- oder Boxclubs ist längst nicht mehr so stark wie in den Anfangsjahren der Clubs. Die einzelnen Mitglieder wechseln die Kutten mitunter wie Hemden. Früher galt: Einmal Hells Angels, immer Hells Angels. Heute diktieren geschäftliche Interessen, wem man sich anschließt. Wenn die sich verschieben, verschwindet auch die nur temporäre Loyalität einem bestimmten Club gegenüber. Dementsprechend fluktuieren Mitgliederzahlen bei Box- und Motorradclubs. Ganze Charter werden zu Chaptern und umgekehrt.

Die Hells Angels sind jedoch nicht die einzigen, mit denen der Osmanen Germania BC sich angelegt hat. Einer der anderen Boxclubs, der in den letzten Monaten immer wieder für Schlagzeilen gesorgt hat, ist Bahoz. Der Name ist Kurdisch und bedeutet »Sturm«, und angeblich wird dieser in Deutschland operierende Club von der kurdischen Arbeiterpartei PKK gelenkt. Der Osmanen Germania BC hingegen unterhält angeblich Verbindungen zur türkischen Regierung. Wann die tendenziell eher nationalistisch gesonnenen Türken und Türkischstämmigen, die einen Großteil der Mitglieder des Osmanen Germania BC ausmachen, gegen die kurdischen Bahoz in Deutschland in den Krieg ziehen, war also nur eine Frage der Zeit. Im Juli 2016 wurde ein Handgranatenanschlag auf eine Shisha-Bar in Saarbrücken verübt, die als Bahoz-Treffpunkt bekannt war. Auch in Hessen und Baden-Württemberg gab es gewaltsame Auseinandersetzungen der beiden Gruppen. In den folgenden Monaten konnte die Polizei durch Großaufgebote mehrere Aufeinandertreffen der beiden Clubs verhindern. Neben dem reinen Geschäft geht es diesen Clubs also auch um Politik – und das macht sie umso gefährlicher.

Zudem fällt es der Polizei noch schwer, die Gefahr, die von den Boxclubs ausgeht, korrekt einzuschätzen. Mit den Rockern konnte man die letzten Jahrzehnte über Erfahrungen sammeln. Die BCs sind noch ein unbeschriebenes Blatt, auch wenn viele der Mitglieder strafrechtlich bereits in Erscheinung getreten sind. Dazu kommt, dass es der Polizei an Personal mangelt. Einsätze gegen MCs und BCs erfordern meist ein Großaufgebot an Polizisten und Spezialeinsatzkräften, weil man damit rechnen muss, auf bewaffneten Widerstand zu treffen. Die Terrorismusgefahr bindet zusätzlich Kräfte. Diesen Umstand nutzen die Clubs aus, um gegeneinander vorzugehen.

Doch trotz der möglichen politischen Verstrickungen und der Tarnmanöver geht es auch bei den Osmanen Germania vor allem um das eine: das Geschäft. Der Vizepräsident des Boxclubs wurde im August 2016 nach einer Razzia verhaftet – er war wegen Drogenhandels gesucht worden.

Ob nun Box- oder Motorradclub – diese Zusammenschlüsse funktionieren alle nach demselben Schema: Junge Männer, manche mit Migrationshintergrund, manche von ihnen Deutsche, suchen nach Anschluss, nach Gleichgesinnten, nach Brüdern – nach »einem Blut«. Sie haben vermutlich das Gefühl, nirgendwo richtig dazuzugehören, nirgendwo richtig hineinzupassen. Die Clubs bieten ihnen einen Zusammenhalt, den sie vielleicht zum allerersten Mal in ihrem

Leben erfahren. Das Tragen der Kutten – der Uniform, die die Normalbürger zu fürchten gelernt haben – lässt sie stärker wirken. Präsident eines Outlaw-MCs zu sein, hat einen sehr verlockenden Klang. Yildiray Kaymaz hat das sicherlich gespürt, als er das erste Logo für den Brotherhood Clown Town MC entwarf.

Auch nach Yildiray Kaymaz und dem Ende des Satudarah MC in Deutschland wird es immer wieder junge Männer geben, die sich vom Reiz der MCs blenden lassen und nur zu gerne bei Straftaten mitmachen – weil das Geld lockt, weil der Club es zum Beweis der Loyalität verlangt, weil es aufregend ist. Am Ende werden jedoch auch sie feststellen müssen, dass Ehrenkodex, die Brüderlichkeit, und alles, was dazu gehört, nur Fassade sind. Bei den Rockern heutzutage geht es, wie immer und überall, nur ums Geschäft, um die schnell verdiente Kohle.

Ebenso wie es weiterhin immer neue Mitglieder für die Boxclubs und MCs geben wird, wird es unter diesen immer wieder V-Männer wie Christoph Jansen geben. Doch wie wird in Zukunft mit ihnen umgegangen? Gibt es einen Ausweg aus dem Dilemma, in dem sich die Polizei befindet? V-Personen müssen mit Geld oder anderen Mitteln wie der Zusicherung von Vertraulichkeit, Straffreiheit oder der Aufnahme ins Zeugenschutzprogramm als Kronzeugen motiviert werden, überhaupt als Informanten tätig zu werden. Das widerspricht dem Grundsatz der Justiz, gegen alle Beschuldigten in gleichem Maße, also ohne Ansehen der Person, zu ermitteln.

Das ist jedoch nur ein Teil des Problems. Die Ermittlungsbehörden scheinen bei V-Leuten einem einfachen Credo zu folgen: Nur ein krimineller V-Mann kann ein effektiver V-Mann sein. Um Informationen zu bekommen, lassen die Polizeibehörden den V-Personen nicht nur einiges durchgehen, sie stiften sie sogar zu Verbrechen an. V-Personen, die kriminelle Handlungen begangen haben, haben vor Gericht allen Grund, ihre eigene Haut zu retten, Strafmilderung dank umfassender Aussagen hin oder her. Sie werden vor der Vernehmung durch ihre V-Mann-Führer umfassend belehrt – und das muss dokumentiert werden. In Christoph Jansens Fall sah diese Belehrung so aus:

1. Ich bin darauf hingewiesen worden, dass ich mich strafbar mache, wenn ich durch wissentlich falsche Angaben absichtlich einen anderen zu Unrecht verdächtige (§ 164 StGB), die Bestrafung eines anderen vereitle (§ 258 StGB) oder einen anderen begünstige (§ 257 StGB).

2. Ich wurde ausführlich darüber belehrt,
   - dass die Zusage zur Vertraulichkeit entfällt, wenn ich selbst mit den Tätern Straftaten begehe,
   - dass ich keine Handlungen vornehmen darf, die nur Polizeibeamten vorbehalten sind.

Einerseits erkenne ich die Notwendigkeit an, V-Personen einzusetzen, um Insider-Informationen aus Milieus wie der Rockerszene zu bekommen. Andererseits kann die Lösung des Problems nicht darin liegen, Kriminellen bei ihren Taten zuzusehen – oder sie gar dazu anzustiften. Das ist das Rezept für Skandale wie jenen in München. Doch nicht alle von ihnen fliegen auf. Meist wird einfach der Mantel des Schweigens ausgebreitet, nachdem man einen »großen Fisch« wie den Rockerboss Ali Osman medienwirksam verurteilt hat.

Und Christoph Jansen? Er ist nach wie vor im Zeugenschutzprogramm, ein Prozess gegen ihn ist für 2017 geplant. Ali Osman jedenfalls empfindet das Zeugenschutzprogramm als gerechte Strafe für seinen Ex-Bruder: »Er muss sich jetzt ein Leben lang verstecken und in Angst leben. Er hat seine Identität aufgegeben, seine Familie und Freunde kann er nicht mehr sehen, sein Leben wurde gelöscht.«

Ich habe Gerüchte gehört, dass Jansen unter einem anderen Namen in einem anderen Bundesland einem ganz gewöhnlichen Beruf nachgeht und ein ganz normales Leben führt. So als wäre er nie in einem Outlaw-MC gewesen.

DANKSAGUNG VON UDO MÜLLER

Ich möchte mich bei allen, die mich bei meiner Arbeit unterstützt, mich trotz des schweren Themas freundlich empfangen und mir über die Jahre die Treue gehalten haben, ganz ausdrücklich bedanken.

Besonders möchte ich mich bei Ali Osman bedanken, der mir über die Jahre sein bedingungsloses Vertrauen gegeben hat und mir immer ein verlässlicher Gesprächspartner war. Ich kann nur sagen, dass er seine Strafe vorbildlich absitzt. In der ganzen Zeit bisher gab es nicht einen einzigen Zwischenfall. Und er hat seine Versprechen mir gegenüber immer zu 100 Prozent eingehalten. Das finde ich bemerkenswert, wenn man bedenkt, in welcher Welt er gelebt hat.

Ich wünsche mir, dass er den rechten Weg wieder findet und ein ruhiges Leben mit seiner Frau und seinen Kindern führen kann.

Ganz besonders möchte ich mich bei den Anwälten von Ali Osman bedanken, die mir nicht nur für Rückfragen zur Verfügung standen, sondern auch wertvolle Gesprächspartner waren.

Auch möch möchte mich bei der JVA Ratingen bedanken, besonders bei Herrn Schwarz und Herrn Wans, die mich ebenfalls stets unterstützt haben.

Am allermeisten möchte ich mich aber bei meiner lieben Frau bedanken, die mit mir durch Dick und Dünn geht und mich in allen Belangen immer unterstützt.

Udo Müller

DANKSAGUNG VON ALI OSMAN

Ich danke

- allen Freunden und Brüdern aus Nordrhein-Westfalen, insbesondere Rheinhausen. Allen in München, Stuttgart, Hamburg und Bremen.
- allen Freunden und Brüdern in der Türkei, in Albanien, im Libanon, in Österreich, in Russland und in Polen.
- Brothers for Life
- Balyoz
- Sülo
- Mehdi und Mahmud
- Prediger Isa
- Brotherhood Clown Town

Ich danke folgenden Behörden und Einrichtungen:

- dem Landesbeauftragten NRW
- der Amtsleiterin des Jugendamtes der Stadt Duisburg
- dem Bereichsleiter, der Psychologin und dem ganzen Personal der Station 60b des kbo-Isar-Amper-Klinikums in München Ost
- dem gesamten Personal der JVA in Düsseldorf
- dem Amtsleiter der Diakonie Oberbayern
- der St.-Josef-Gruppe in Moers
- meinen Anwälten
- dem riva Verlag

Ganz besonders bedanke ich mich bei Udo Müller, der mich und meine Geschichte über all die Jahre begleitet hat. Er hat es möglich gemacht, dass meine Geschichte nun als Buch veröffentlicht wird.

Aber der größte Dank geht an meine Frau, die seit über zwanzig Jahre immer an meiner Seite steht und immer an mich geglaubt hat. Danke, ich liebe dich – canimi öptüm.

ANHANG

RAP-SONG VON AKA 70 SÜDSYNDIKAT

(GESCHRIEBEN FÜR ALI OSMAN)

PART 1.

Es ist ein Albtraum – bald taucht der Pate wieder auf
die Elite ist am Kommen – seine Krieger sind es auch
ihr vertraut auf das – was die Presse euch berichtet
Manipulation seiner Lebensgeschichte
verzichtet auf alles – nur der Kampf gegen Rot-Weiß
gegen die Unterdrückung – auf Leben und Tod scheißt er
und wer hinter seinem Rücken steht –
am Ende wurden die Tatsachen verdreht
Dinge kommen, Dinge gehen – Bruder alles wird gesagt
keiner will es hören und sehen – Alter fickt Euch in den Arsch
ja das war's – denn das Leben frisst rohes Fleisch
es ist keiner dein Freund – doch auch keiner dein Feind
Schwarz auf Weiß – der Beweis heißt – Wahrheit oder Wahnsinn
Begreift, dass die Freiheit Teil seines Plans ist
der Clan Brotherhood Clown Town und der Baba Ali Osman
du hörst nur seinen Namen – und du fängst an zu stottern

PART 2.

Mit eine der größten Verhaftungen von Nordrhein-Westfalen
das SEK-Kommando war monatelang am Planen
Hier spricht die Polizei – ihr Haus ist umstellt
sie sprengten seine Tür – plötzlich wurde es hell
es ging viel zu schnell – denn er lag schlafend auf der Couch
durch die laute Explosion – wachte er hektisch auf
er blickte direkt in den Lauf von neun Maschinenpistolen
keine Minute später – lag er gefesselt am Boden
sie kamen ihn abzuholen – mit 'nem Haftbefehl
wegen unerlaubtem Handel von BTMG
wegen Kriegs- und Schusswaffen – kam er erstmal in Gewahrsam
einen Tag lang – doch glaubt mir, das war erst der Anfang
ein knappes Jahr später – begann der Prozess
mit Scharfschützen auf den Dächern war'n die Gebäude besetzt
das Gesetz sprach ihn schuldig – er gestand seine Anklage
räumte Vorwürfe ein – kassierte sechseinhalb Jahre

PART 3.

Wie kann ein Verbrannter zum Verräter werden – könnt ihr mir mal das erklären
Lügen und Intrigen – ziehen sein Image in das Verderben
doch nicht mit Ali Osman – alles kommt ans Licht
und mit diesem Track – ist jetzt damit Schicht
leg die Fakten auf den Tisch – es hat ein V-Mann mitgemischt
sie war'n jahrelang Brüder – doch seine Spur war verwischt
der Grund ist der Bastard – der alles gefickt hat
korrupte Bullen und verdeckte Ermittler
werden kriminell – brechen selber das Gesetz
denn nur die illegalen Wege – sind für sie nicht begrenzt
dieser Text deckt die Karten auf – das LKA wartet auf
die Aussage von integrierten Ratten – die der Staat missbraucht
der Freiheit beraubt – ist das Ende vom Lied
doch nicht bleibt vergessen – was im Leben geschieht
Untergrundmusik – das Label S – zu dem S
Der Chef ist back im Geschäft – und der V-Mann wird jetzt zerfetzt

PART 4.

Wenn du die Vergangenheit vergisst – ist deine Zukunft nicht mehr sicher
und wer damit gemeint ist – der kennt auch sein Schicksal
vom Gerichtssaal auf die Straße – er ist wieder da
im Angesicht seiner Knarre – wird Euch das allen erst klar
Es heißt »Gefahr in Vollzug« – scheißt auf Gewinn und Verlust
Über die Taten, die jetzt folgen – seid ihr Euch noch nicht bewusst
Alles kommt zum Schluss – seine Geschichte steht geschrieben
viel zu lange wurden die Fakten – verdrängt und verschwiegen
doch er ist standhaft geblieben – er ist nicht untergetaucht
was für neue Identität – er nimmt's mit Hunderten auf
alles nimmt seinen Lauf – und er wird alles riskieren
Brotherhood Clown Town – wird sich neu formieren
zielgerecht fokussiert – er ist im Knast gesessen
auch Mordaufträge – können seinen Stolz nicht brechen
er hat nichts vergessen – und er scheißt auf Verrat
sein Werk wird vollendet – das Label Südsyndikat